COMMENT TRANSFORMER 5 000 $ EN UN MILLION

Traduit de l'anglais Jean-Michel Houssay

Heikin Ashi Trader

DAO PRESS

© 2019 Heikin Ashi Trader

Paperback: ISBN: 9781712350874

Tous droits réservés. Aucune partie de ce livre ne doit être reproduite ou utilisée sous quelque forme ou par quelque moyen que ce soit, électronique ou mécanique, y compris la photocopie, l'enregistrement, ou tout système de stockage et de récupération d'information, sans l'autorisation écrite de l'éditeur.

Première édition, Octobre 2019

Les informations présentées ici correspondent l'opinion de l'auteur à la date de publication. Ce livre est proposé à des fins d'information et de divertissement uniquement. En raison de la vitesse à laquelle les conditions économiques et culturelles changent, l'auteur se réserve le droit de modifier et de mettre à jour ses opinions en fonction des nouvelles données. Bien que tout ait été mis en œuvre pour vérifier les informations contenues dans ce livre, ni l'auteur ni ses associés/partenaires n'assument la responsabilité en cas d'erreurs, d'inexactitudes ou d'omissions. À aucun moment les informations contenues dans ce document ne doivent servir en de conseils professionnels, d'investissements, fiscaux, comptables, juridiques ou médicaux. Ce livre ne constitue ni une recommandation, ni un mandat de garantie pour quelque activité, industrie, site web, actions, portefeuille d'actions, transaction ou stratégie d'investissement que ce soit.

Publié par : Dao Press
Dao Press est une marque de Splendid Island Ltd
Tasou Mitsopoylou 148
Makenzie Court
6028 Larnaca

Table des Matières

Chapitre 1 : Pouvez-vous devenir millionnaire sur le marché boursier? 5

Chapitre 2 : Spéculez avec l'argent du marché et non le vôtre ! 9

Chapitre 3 : Apprendre du Grand Maître des spéculateurs 18

Chapitre 4 : Scaling in–Scaling out 26

Chapitre 5 : Faut-il utiliser des ordres Stop? 39

Chapitre 6 : Que faire si le marché s'oriente dans la mauvaise direction ? 44

Chapitre 7 : Allez au Global Macro 48

Chapitre 8 : Regardez la «Big Picture» 52

Chapitre 9 : Cherchez un catalyseur 59

Chapitre 10 : Apprendre de ses erreurs 71

Chapitre 11 : Succès avec le coton 77

Chapitre 12: Ma spéculation sur le rouble 84

Chapitre 13 : Merci aux présidents Erdogan et Trump ! 94

Chapitre 14 : Spéculer avec des actions 101

Chapitre 15 : Spéculez sur ce que vous voyez 108

Chapitre 16 : Comment et quand acheter ? 112

Chapitre 17 : La spéculation est plus facile que le day trading 117

Chapitre 18 : Un compte spécifique pour chaque spéculation 120

Chapitre 19: Avec quels instruments financiers puis-je spéculer? 124

Chapitre 20: Risque maximum et appel de marge ... 129

Chapitre 21: Gardez vos spéculations pour vous. ... 132

Chapitre 22 : En route vers le premier million 137

Chapitre 23 : Objectif final: l'indépendance financière 141

Annexe 1 : Crises financières du passé 148

Annexe 2 : Liens utiles 151

Glossaire 152

Autres livres de Heikin Ashi Trader 160

À propos de l'auteur 171

Chapitre 1 :

Pouvez-vous devenir millionnaire sur le marché boursier?

Sans nul doute, tout trader est intéressé par la question de savoir comment faire fructifier un petit compte. Comment parvenir à augmenter le capital de départ (généralement petit) ? Autrement dit, comment parvenir à faire une petite fortune à partir de cette petite somme? Et ce le plus rapidement possible?

Dès que l'argent est sur le compte de courtage, la plupart des traders commencent habituellement par rechercher une sorte de méthode *du Saint Graal*, qui nécessite parfois des années (tant qu'il reste de l'argent). Je voudrais préciser mon point de vue dans ce livre - il en étonnera probablement certains et en dérangera certainement d'autres, parce que ce que j'ai à dire sur le sujet ne plaira pas à tous.

Ceux qui ont lu mes autres livres savent que je reste dubitatif à l'idée de faire fortune avec un petit capital. Oui, il y a des traders qui ont réussi ainsi. Mais ils sont rares. Et surtout, il y en a très peu qui l'ont fait avec les méthodes à court terme traditionnelles.

L'objectif d'un Million d'Euros est très élevé pour la plupart des traders. En fait, certains diraient qu'un million est la somme de base que vous devriez mettre sur le marché boursier. En tant que lecteur, vous savez probablement que même cette somme ne vous offre aucune garantie de réussite. De toute façon, la plupart des traders n'ont pas un tel capital pour démarrer.

Ainsi la question est tout à fait légitime : une fois que vous avez décidé que le marché boursier serait la meilleure manière de gagner de l'argent (je connais quelqu'un qui a fait son premier million en vendant des crèmes glacées), que devez-vous faire pour gagner un million ?

Les grands objectifs nécessitent les grandes approches. Si vous projetez de gagner 500 € en faisant du trading alors vous avez besoin d'une approche différente de celle dont l'objectif est de gagner un million d'euros. Ce livre traite de la manière d'adopter une telle approche.

Malheureusement, beaucoup de traders essayent d'atteindre cet objectif en s'en tenant à l'approche pour gagner 500 €. « Je dois juste atteindre cet objectif modeste pendant suffisamment de jours d'affilée, se disent-ils, alors j'obtiendrai un million, tôt ou tard. »

En règle générale, ces traders n'atteignent jamais leur objectif, et je crois fermement que la raison de cet échec réside dans leur approche incorrecte. C'est comme rechercher des pièces de 5 centimes dans la rue. Sans aucun doute, vous pourriez devenir millionnaire en collectant des pièces de 5 centimes, mais à mon avis, cela prendrait beaucoup trop de temps.

Par ailleurs, j'ai compris cette vérité graduellement. J'étais l'un de ces traders qui cherchait des pièces de 5 centimes quotidiennement. Le drame de cette approche est que, de temps en temps, vous trouvez vraiment quelques pièces de 5 centimes. Cette petite montée subite d'adrénaline que l'on ressent vous fait croire que vous êtes sur la bonne voie. Il est évident que la personne qui collecte des pièces de 5 centimes ne deviendra pas millionnaire du jour au lendemain. Par exemple, s'il trouve une de ces pièces de monnaie chaque jour, il suffit simplement qu'il renouvelle ce succès les 20 millions de jours qui suivent. Je pense que le lecteur comprendra l'absurdité de cette idée.

Ainsi, si vous vous fixez un objectif ambitieux, vous devrez trouver les idées qui vous permettront d'y parvenir plus rapidement que notre brave collecteur de pièces de 5 centimes. Dans ce livre, nous verrons comment trouver de telles opportunités et quelle approche adopter (plutôt que de marcher les yeux rivés sur le trottoir).

Je voudrais présenter au lecteur une stratégie qui, à mon avis, lui permettra de faire fortune sur le marché boursier. Je ne dis pas que c'est la seule manière, parce qu'il y a des milliers de manières de gagner de l'argent sur le marché boursier. Mais c'est une méthode radicale, parce qu'elle suppose que, dans des circonstances normales, le trader avec un petit capital de départ ne pourrait pas réaliser ceci. Néanmoins, il existe une possibilité de faire fortune sur le marché boursier avec un simple petit investissement, en obtenant le capital manquant à partir d'une autre source extérieure. La stratégie que je présente ici part du principe que le trader ne peut pas réaliser ceci avec *son argent,* mais seulement *avec de l'argent* du marché. Il devra apprendre à obtenir l'argent d'où il vient. Et il devra le faire avec audace. En d'autres termes, il devra prendre de sérieux risques. Cela se passe de commentaires. Dire autre chose serait mentir.

Tout comme il est possible de bâtir un empire immobilier sans le moindre euro de capitaux propres, ainsi est-il possible de réaliser un important compte titres assez rapidement avec un petit capital de départ (5 000 € ou même moins). Je me contredis ici, parce que j'ai déjà dit dans les livres précédents, que ce n'était pas possible. Ce que je voulais dire c'est qu'il n'était pas possible de le faire avec des méthodes de trading traditionnelles. En d'autres termes, vous devrez utiliser des méthodes non conventionnelles si vous voulez parvenir à cet objectif.

Chapitre 2 :

Spéculez avec l'argent du marché et non le vôtre !

Ma meilleure année de trading a été 2008. Mais la majeure partie de l'argent que j'ai gagné n'est pas venue de mes journées de *trading* ou de *scalping*. Bien que ces méthodes aient également bien fonctionné cette année-là, la plupart de mes gains sont venus d'une simple spéculation. *Une seule !* J'ai gagné plus avec cette spéculation qu'au cours des trois années précédentes. Cette expérience fut une découverte capitale pour moi. Ce sont des moments où vous découvrez des possibilités complètement nouvelles. C'était le cas avec la seule spéculation qui m'a permis d'obtenir une somme à six chiffres. C'était la période de la crise financière. *Lehman Brother's* avait fait faillite. Les marchés boursiers s'étaient effondrés. Presque tout le monde avait essuyé de grosses pertes, alors que j'ai pu réaliser les plus grands gains de ma carrière de trader, parce *que j'ai pris la position inverse*. Non, je n'étais pas court en actions, quoique c'eût été une excellente idée. J'étais long en argent (le métal).

C'était ma seule position à ce moment si excitant : long en argent.

J'étais convaincu que pendant une crise de confiance de cette ampleur (crise des subprimes), il serait une bonne idée d'investir dans une prétendue «crise de devises». Les investisseurs aiment placer leur argent sur des marchés qui sont considérés comme des refuges sûrs en période de turbulences. Traditionnellement, ce sont les métaux précieux, l'or et l'argent en particulier, mais également les devises de certains pays, tels le franc suisse ou la couronne norvégienne. À ce moment-là, je n'ai pas compris que cela incluait également le dollar américain. Éviter le risque est en général utile pour les marchés qui sont considérés relativement stables ou à «faible risque». J'ai choisi l'argent parce que j'ai supposé que l'argent surpasserait l'or dans cette crise. Cette hypothèse s'est avérée exacte, mais malheureusement, il a fallu attendre trois ans avant que cela se concrétise, quand l'argent a atteint des sommets stratosphériques suite à la crise de l'euro.

Néanmoins, ma spéculation sur l'argent de 2008 a été un succès, bien que les mouvements sur l'argent début 2008 aient été modestes comparé à ce qui s'est produit en 2010-2011. J'ai commencé à établir des petites positions autour de 13 ou 14 dollars, pendant la crise des subprimes vers la fin de 2007. Ces premières positions m'ont permis de réaliser des gains, rapidement et facilement. Après quelques jours, j'avais déjà obtenu des gains de 1 000 €. « Pas mal ! » pensez-vous. En temps normal, j'aurais été heureux de ce gain, et j'aurais vendu la position.

Par ailleurs, je n'avais pas l'intention de jouer long. J'admets volontiers que la spéculation avait été prévue comme un day-trade. Une fois que la position s'est bien améliorée, je me suis dit: « Pourquoi ne pas continuer un peu plus longtemps et essayer de tirer davantage parti de la spéculation? » Et en effet, l'argent a grimpé le jour suivant, et j'ai eu le courage d'acheter un autre contrat. Mais vous devez être conscient de l'hystérie qui entourait ces journées. Les médias étaient pleins de mauvaises nouvelles, pour ne pas dire catastrophiques. Les marchés boursiers ont chuté dans le monde entier. Et quand la nouvelle de la faillite de *Lehman Brothers* est tombée sur le téléscripteur, le 15 septembre, la digue a cédé. La crise était totale !

Ma spéculation sur l'argent en revanche, se déroulait très bien. Plus le prix de l'argent grimpait, plus j'achetais des contrats. Au bout de quelques jours, j'avais déjà des gains à cinq chiffres. Mais, si vous pensez maintenant qu'un tel gain vous met dans un état permanent d'euphorie, vous faites erreur. Les prix ne montent pas tout de suite (j'aimerais qu'ils le fassent). Pas du tout. Lorsque les marchés s'emballent et que la volatilité s'accroît, les prix fluctuent tellement qu'ils peuvent varier aussi complètement dans l'autre sens. Je me souviens que ma position en argent représentait un gain de 17 000 € un matin et seulement 12 000 € l'après-midi, en raison d'une correction. Une perte sèche de 5000 € en quelques heures!

C'était bien plus que je ne me serais permis dans des conditions normales. Mais vous devez être capable de vivre avec ça si vous voulez améliorer votre position systématiquement. Permettez-moi de souligner que je n'avais pas de smartphone à l'époque (je suis un peu démodé). Posséder plusieurs contrats sur un marché tendance est une chose déconcertante (en fait, un grand succès est également déconcertant, c'est pourquoi la plupart des gens préfèrent vivre sans). J'ai donc dû ouvrir mon ordinateur portable constamment, pour voir quelle était ma position sur l'argent.

Au début du mois de janvier 2008, l'argent a trouvé une résistance à environ 15 dollars. Cette résistance durait depuis deux ans. J'avais passé plusieurs ordres *stop buy* au-dessus de ce niveau, qui ont tous été exécutés au moment du déclenchement de la crise. Rapidement, j'avais doublé ma position. Maintenant, cela devenait vraiment excitant. Les fluctuations de mon compte étaient désormais assez dingues. En une minute, je me trouvais enrichi ou appauvri de plusieurs centaines d'euros, et bientôt ce serait des milliers d'euros ...

Image 1: Argent - Graphique mensuel 2006-2019

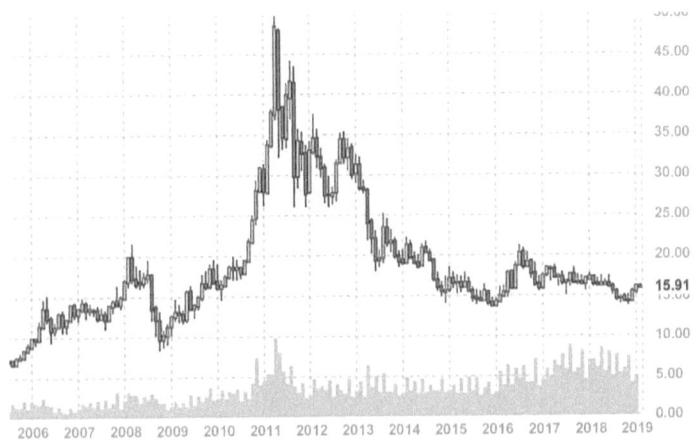

Je me souviens bien que j'avais le sentiment d'être en sécurité avec cette position. Je savais que j'avais une position gagnante et que tout ce que j'avais à faire, c'était de spéculer rigoureusement sur la hausse de l'argent. C'était une situation incroyable, car je n'avais que quelques milliers d'euros sur mon compte de courtage. Je l'ai utilisé pour expérimenter et effectuer des *swing trading* occasionnels, si je voyais une opportunité. Si je me souviens bien, j'avais environ 2 700 € sur ce compte. Pas grand-chose, compte tenu du fait que, grâce à cette spéculation sur l'argent, j'ai finalement réalisé un gain supérieur à 40 000 €. Ainsi, en quelques semaines, j'avais réalisé un gain supérieur à 1 000%, grâce à l'effet de levier que j'avais utilisé et au fait que je négociais avec l'argent du marché. C'était tout le secret de cette spéculation. Je n'ai pas spéculé avec mon propre argent. J'ai spéculé avec l'argent du marché.

Je suggère que nous examinions cela de plus près, car certains lecteurs pourraient ne pas comprendre ce que je veux dire. Si vous achetez une maison et que vous la financez à 70%, vous ne l'avez pas acheté avec votre argent, mais celui de la banque. La banque a payé la majeure partie de ce bien, car elle considère celui-ci comme une garantie et la maison reste la propriété de la banque jusqu'au dernier versement.

Quelque chose de similaire se produit sur le marché boursier, une fois que vous réalisez des gains. Tant que vous ne réalisez pas ces gains (vous ne vendez pas votre position), cet argent ne vous appartient pas, mais il est au courtier. Toutefois, ces gains vous permettent d'acheter des contrats supplémentaires, car ils vous seront crédités grâce au règlement quotidien. Ces gains vous permettent donc d'acheter une position plus importante que celle que vous auriez normalement pu acheter avec votre petit capital. Il s'agit d'un levier comparable, comme si vous achetiez une maison avec un prêt de la banque.

Et, bien sûr, vous ne pouvez pas considérer ces gains accumulés comme vous appartenant, tant que vous n'avez pas vendu votre position et réalisé le profit. Mais, tant que vous ne vendez pas, vous pouvez continuer à acheter, à condition que vous soyez toujours en phase avec l'orientation du marché, et que la tendance continue à grimper en votre faveur.

Cette approche est très différente de celle qui consiste à fermer votre position tous les jours et de la rouvrir le lendemain matin (ce que fait un spéculateur quotidien, par exemple). À première vue, le *day trading* semble moins risqué, mais il est facile d'oublier que, chaque jour, le trader assume l'ensemble du risque. Il risque tous les jours son argent. Son propre capital est entièrement en jeu.

Cependant, si vous faites comme je l'ai fait avec le marché de l'argent en 2008, à un moment donné, vous ne risquerez plus votre propre argent, vous commencerez à spéculer avec l'argent du marché (grâce à vos gains). Techniquement, vous ne verrez peut-être pas la différence, mais en termes de gestion des risques, la différence est énorme. Dès que vos premiers contrats génèrent des gains et que vos gains augmentent, vous bénéficiez du « free trade », pour ainsi dire. À partir de ce moment, vous pouvez utiliser vos gains pour élargir votre position. Donc, vous n'achetez pas avec votre propre argent, mais avec l'argent du marché (ou avec l'argent de la banque, si vous voulez). De plus, je pense que vous ne devriez pas garder un effet de levier trop faible sur votre position lorsque vous vous trouvez dans cette situation confortable, bien au contraire. À partir de ce moment-là, vous devriez vraiment saisir la balle et élargir sérieusement votre position, parce que c'est la seule façon de faire de réels progrès financiers.

La même chose est vraie pour l'investisseur immobilier avisé. Il n'achète pas ses maisons avec son propre argent. Il les achète avec l'argent de la banque. Et plus il possède de maisons, plus il achète. C'est un concept prouvé. Si vous creusez un peu, vous constaterez que, mis à part ceux qui ont bâti une entreprise prospère, la plupart des gens riches le sont devenus grâce aux biens immobiliers.

Au cours des mois de janvier et février de cette même année, l'argent a dépassé les 20$. Alors qu'il atteignait des sommets, j'ai acheté plus de contrats. En fin de compte, pas de façon aussi agressive qu'au début, car après avoir étudié le graphique, je pressentais qu'à un moment donné, l'argent allait atteindre un pic et qu'ensuite l'inévitable correction se produirait. Ce pressentiment allait bientôt se vérifier. En mars, l'argent a atteint son apogée. La volatilité était presque insensée. J'ai commencé à vendre mes contrats et réaliser des gains. Avec le recul, j'ai vendu un peu trop tard et j'ai perdu une partie de gains que j'aurais pu faire. Mais avec le recul, on est toujours plus sage. La spéculation a été un grand succès et j'ai pu vivre avec cet argent pendant longtemps.

Après avoir complètement fermé la position, je n'ai rien fait pendant des mois. Il m'a fallu du temps pour récupérer de mon propre succès. Quiconque croit que le succès est quelque chose de fabuleux et de simple, se trompe. C'est vraiment effrayant, parce que vous êtes confronté à quelque chose qui vous est inconnu, quelque chose qui vous dépasse.

Chapitre 3 :

Apprendre du Grand Maître des spéculateurs

En tombant sur cette spéculation par hasard, j'ai inconsciemment réalisé quelque chose qui ne deviendrait une véritable méthode que dans les années à venir. Bien sûr, je savais ce que je faisais. J'avais entendu parler d'autres traders qui avaient réussi ces types de transactions. Et bien sûr, il existe des exemples de traders dans la littérature boursière qui se sont enrichis de cette manière. Mais soyons honnêtes ! Vous ne pouvez vraiment comprendre une méthode que si vous l'appliquez vous-même. La connaissance théorique ne vous sert à rien. N'ayant pas l'intention de faire une telle spéculation, je n'étais pas préparé aux risques potentiels de cette méthode. Je ne réalisais pas non plus ce que je vivrais émotionnellement en maintenant cette position.

Rétrospectivement, j'ai pris le temps d'étudier les traders qui avaient utilisé cette stratégie avec succès, et surtout, bien sûr, le trader et spéculateur américain Jesse Livermore. Il est probablement l'exemple le plus frappant d'un trader qui a tout fait à fond. Vous pouvez lire des informations sur Jesse Livermore sur Internet, et bien sûr, je vous recommande également le livre d'Edwin Lefevre « Reminiscences of a Stock Operator ». Il décrit de manière divertissante la méthode dont nous parlons ici.

Bien sûr, Livermore n'a pas maîtrisé sa méthode dès le départ. Il a commencé à jouer sur le marché à court terme, comme la plupart d'entre nous (les temps ne changent pas). À un moment donné, il s'est rendu compte qu'on ne pouvait gagner beaucoup d'argent qu'avec les grands mouvements de marché. Bien sûr, pour cela, il avait besoin d'une méthode différente de celle d'un day trader. D'abord, il faut dire que Livermore a principalement négocié sur des actions. La spéculation avec un indice n'existait pas à l'époque. Cependant, vous pouvez parfaitement appliquer cette méthode sur les marchés boursiers habituels tels que SP500, Nasdaq, Dax, IBEX, CAC40 ou EUR/USD.

Avant d'agir, Livermore a observé les marchés. C'était le premier pilier de sa méthode. Livermore était un bon observateur. Avant tout, il s'est intéressé aux leaders du marché de l'époque, aux forces vives des marchés boursiers. Il a étudié les actions les plus importantes des secteurs. À son époque, il s'agissait, par exemple, de Bethléem Steel ou du Northern Pacifique. Bien entendu, il s'agirait aujourd'hui de valeurs comme

Apple, Google, Amazon ou Facebook. Il a observé le comportement de ces chefs de file. Il a examiné la façon dont ils ont réagi à certaines informations, s'ils se sont rétablis rapidement d'une annonce négative (en hausse) ou non (en baisse). Si vous souhaitez en savoir plus sur la méthode de Livermore, vous pouvez vous référer au petit livre de Richard D. Wyckoff « Jesse Livermore's Methods of Trading in Stocks ».

À mon avis, le mot clé ici est «observer». En d›autres termes, Livermore pouvait n'occuper aucune position sur le marché pendant des semaines, voire des mois. Il était à 100% cash pendant ces périodes. Ce n'est pas facile pour la plupart des traders, car vous avez le sentiment que si vous n'occupez aucune position, vous ne participez pas au marché boursier et vous pourriez rater de bonnes opportunités. Rien ne pourrait être plus faux. 100% cash est une position. En fait, c'est une position très importante.

Avant d'agir, vous devez d'abord apprendre à observer attentivement et à attendre les bonnes occasions qui se présenteront à vous. La patience est l'une des vertus les plus importantes que vous devez développer si vous voulez réussir avec cette méthode. C'est sans doute la partie la plus difficile de la méthode. Vous devrez apprendre à transférer de l'argent sur un compte de courtage et à ne rien faire pendant des semaines, parfois même, des mois.

Êtes-vous capable de le faire, même si votre courtier vous bombarde de courriels et vous demande de commencer à spéculer parce que ses systèmes lui envoient d'excellents «signaux»? Encore une fois, vous devrez apprendre de Livermore, qui ne détestait rien de plus que les soi-disant conseils que vous recevez de partout dès que vous entrez sur le marché boursier. Il tenta de se libérer de ces influences trompeuses par tous les moyens possibles. Il y est parvenu en s'isolant partiellement du monde extérieur, de sorte qu'il ne pouvait qu'écouter sa propre intuition et ses instincts. Il n'agissait pas avant d'avoir perçu une réelle opportunité, *découlant de ses propres observations.*

Je pense que cette habitude est beaucoup plus difficile à adopter aujourd'hui qu'elle ne l'était à l'époque de Livermore. Aujourd'hui, les informations, les opinions, les conseils et toutes les diversions que l'industrie des courtiers peut inventer ne se présentent pas uniquement sous forme de journaux, magazines, bulletins d'information, courriels et alertes. Ils vous agressent aux moments les plus inopportuns, sur le petit appareil plat que chacun de nous porte en permanence, où que l'on aille.

Vous devez apprendre à oublier tout ce bruit et à ne pas tenir compte de toutes les pages soi-disant intéressantes du marché boursier et des articles apparemment intéressants des analystes. Ou mieux encore, ne les lisez même plus. Vous devez apprendre à devenir un observateur complètement indépendant, une personne complètement indépendante d'esprit.

Si vous avez acquis cette capacité très importante d'ignorer ce que disent les autres, vous commencerez, vous aussi à percevoir les signaux du marché. Ceci est très important, car vous ne pouvez pas spéculer avec cette méthode si vous ne pouvez pas observer et penser par vous-même, et n'avez donc pas formé votre propre opinion du marché. Est-ce que je viens de dire que vous deviez vous faire votre propre opinion du marché ? Oui, même si vous avez lu partout, que vous ne pouvez être un bon trader que si vous n'avez aucune opinion du marché ! Ceci peut s'appliquer aux stratégies à court terme telles que day-trade, mais ne s'applique pas si vous voulez spéculer, comme je l'ai fait avec l'argent en 2008. Fin 2007, à cause de la crise financière, j'étais optimiste sur l'or et l'argent et le marché m'a donné raison.

Aurez-vous toujours raison concernant l'orientation du marché ? Certainement pas ! Vous ferez l'expérience à maintes reprises, de devoir clôturer votre première position à perte ou que votre position ne progresse pas du tout. Vous ferez l'expérience du marché qui ne confirme pas votre avis. Il n'y a rien de mal à cela. Cela fait partie du jeu. Si tout va bien, vous vous en sortirez avec une petite perte et reviendrez au statut d'observateur. Pendant des semaines, voire des mois.

Après tout, vous voulez respecter la première loi d'un trader : préservez votre capital spéculatif.

En second lieu, vous devez également conserver un autre capital bien plus important, et je ne parle pas du montant de votre compte de courtage. Votre capital le plus important est votre capacité à penser et observer en toute indépendance. Tant que vous occupez une position (et que votre argent est soumis aux caprices du marché), vous ne pouvez plus réfléchir. Vous êtes émotionnellement impliqué dans la spéculation, et plus la position devient importante, plus vous avez de l'argent en jeu, plus vous lutterez contre vos sentiments et émotions.

Si vos émotions sont si fortes que vous pouvez à peine les supporter, alors votre position est probablement trop importante. Si elles sont, au contraire, si faibles que vous les ressentez à peine, alors votre position est probablement trop petite et vous devriez l'élargir. Cela agit dans les deux sens. Par exemple, j'étais quelqu'un qui s'évertuait à maintenir des positions trop faibles. Par conséquent, ma spéculation sur l'argent était une sorte de moment cathartique pour moi, parce cela m'a forcé à essayer quand l'occasion s'est présentée.

On doit réaliser que gagner de l'argent sur le marché d'échange ne se fait pas comme dans d'autres professions. Avec un travail régulier, vous recevez le même salaire chaque mois. Cela procure à ceux qui suivent ce chemin un sentiment de sécurité. Il n'y a rien de tel sur le marché boursier. Enfin ! Certains pensent que c'est possible. Le *day trading*, par exemple, est une tentative d'allier la sécurité d'un travail de bureau, avec un revenu régulier qui arrive par la porte de derrière.

Sur le marché boursier, il n'y a que des gains asymétriques. Qu'est-ce que cela signifie ? La plupart du temps, vous ne gagnez rien et vous pourriez même perdre un peu. Et vient alors le jour où le rôti est servi. Ce sont les opportunités où vous pouvez faire une petite fortune. Inutile de dire que ces occasions sont seulement à la disposition du trader qui y est préparé. Et c'est pourquoi il est si important d'établir votre propre poste d'observation en toute indépendance, comme le faisait Jesse Livermore.

Ensuite, si vous voyez une occasion basée sur *vos* observations, vous devez acheter (ou vendre si vous êtes court) une première petite position. Cette première position a pour but de tâter le terrain. Mais la première position a également une autre fonction importante. Selon Livermore, vous ne pouvez pas juger un marché tant que vous ne vous y êtes pas impliqué. Cette première petite position vous indique si vous êtes sur le bon marché ou non. Si vous n'occupez pas de position, il n'y aura aucun moyen de le savoir. Vous devez être émotionnellement impliqué avec votre propre argent.

Si la spéculation semble se dérouler correctement et que le marché évolue favorablement, vous pouvez commencer à négocier plus de contrats (ou plus d'actions si vous négociez des actions). Bien sûr, vous ne dégagerez pas toujours une tendance majeure, comme je l'ai fait avec ma spéculation sur l'argent. Parfois, vous devrez interrompre la spéculation, car la tendance ne se poursuit pas ou même s'inverse. Mais si vous suivez les critères que je vais expliquer dans les chapitres suivants, vous réaliserez de temps en temps des gains appréciables.

Chapitre 4 :

Scaling in–Scaling out

Le vrai secret d'une spéculation réussie n'est pas l'entrée parfaite ni la sortie parfaite d'une position. Trop de traders s'attardent sur cet aspect. Le vrai secret est de faire en sorte qu'il y ait infiniment plus de gagnants que de perdants. Si vous avez des gains avec une spéculation, vous ne devez pas vendre frénétiquement et empocher les gains, comme le font beaucoup de traders. Vous devez considérer ces gains comme une occasion ou une option. Vous devez vous demander s'il reste encore beaucoup à gagner ici. Ainsi, la bonne stratégie est de réinvestir ces gains.

En principe, cette technique spéculative peut être effectuée avec n'importe quel instrument financier. Naturellement, vous augmenterez vos gains si vous établissez de telles positions avec des instruments de levier puissants, tels que les futures ou les options. Vous apprendrez à réinvestir vos gains non réalisés sur les marchés ouverts. Dit simplement: Vous achetez seulement des contrats additionnels (ou des actions) quand les précédents sont déjà bénéficiaires. De cette façon, vous pouvez accumuler de grandes positions sur un marché **sans augmenter le risque initial de la position**. Le RRR (rapport de récompense de risque) s'améliorera graduellement de cette façon.

Cependant, si vous faites l'inverse, en faisant la moyenne vers le bas, vous augmentez votre risque. Faire la moyenne quand les prix tombent plus bas n'a de sens que pour les investisseurs orientés sur le long terme qui, par exemple, ont une stratégie de dividende.

Je voudrais indiquer clairement dès le début, qu'il est facile de comprendre la technique de «rafler», mais il n'est pas nécessairement facile de la mettre en œuvre. Cette technique va à l'encontre de la «nature» du trader. Dès qu'une spéculation devient profitable, le trader veut la protéger par la gestion active des stops, ou même empocher les gains. Le trader doit donc conserver beaucoup de sang-froid et de discipline, pour ne pas céder à la tentation normale d'empocher les premiers gains et de se sauver. Au contraire. Au lieu de prendre les gains et de sortir du marché, il doit apprendre à acheter des contrats supplémentaires (ou des actions). Il doit apprendre à augmenter sa position quand la position de départ est bénéficiaire. Ceci exige du courage, mais également la perspicacité de comprendre que c'est la seule manière d'atteindre des gains substantiels.

La méthode que je présente ici n'est pas identique à la prétendue «pyramide». Il est important de décrire clairement la différence. La construction d'une pyramide sur un marché signifie que la première position que vous achetez est la plus grande (la base de la pyramide). Chaque position supplémentaire que vous achetez doit être un peu moins importante que la précédente, habituellement la moitié. Ainsi si vous commencez par 100 actions, alors la deuxième position devrait seulement être 50 actions, la troisième 25 et ainsi de suite.

L'idée de cette approche est claire. Un trader qui travaille avec cette méthodologie pense que plus une tendance dure longtemps, plus la probabilité qu'elle se retourne, n'augmente. C'est pourquoi il réduit le risque. Bien que je comprenne la logique de cette méthodologie, c'est à mon avis une idée sous-optimale. Si vous avez raison concernant votre évaluation et que la tendance persiste, alors, vous pouvez, comme déjà mentionné, spéculer avec l'argent du marché.

Vous devez assimiler cette différence. Tous les risques ne sont pas équivalents. Si vous êtes un day trader et clôturez vos positions chaque soir vous recommencez chaque matin. Cela signifie que vous risquez VOTRE argent quotidiennement. Dans ce sens, on pourrait évaluer que le *day trading* est sous-optimal en termes de gestion des risques. Chaque jour, vous risquez votre argent sur les marchés.

En revanche, si vous évoluez dans une tendance, vous ne risquez votre argent qu'avec la première position. Pour le deuxième contrat, vous payez avec l'argent du marché (avec les gains de la première position). Par conséquent, je ne parle pas de pyramide, mais de **scale in - scale out**.

Contrairement à la construction d'une pyramide vous ne pouvez pas augmenter votre position jusqu'à ce que la première position ait suffisamment de gains comptables, de sorte que ce gain comptable vous permet d'acheter une seconde position. Cette deuxième position n'est pas plus petite que la première, elle est généralement de la même taille. Par exemple, si vous spéculez sur les futures, la plus petite unité est 1 contrat. Vous ne pouvez pas réduire ou diviser cette unité.

Dans ce sens, vous doublez votre position avec l'achat d'un deuxième contrat. Si celui-ci génère également des gains, les gains comptables des deux premiers contrats vous permettent d'acheter un troisième contrat. À partir de ce moment-là, vous ne doublez pas votre position, comme vous l'avez fait avec le deuxième contrat: votre position augmente de 33%. Plus la tendance dure longtemps, et plus vous pouvez acheter de contrats et plus votre risque diminue, même si vous augmentez considérablement votre position à chaque nouvel achat. Ainsi, à chaque nouveau contrat que vous achetez, vous augmentez considérablement les chances de gagner gros, tout en minimisant vos risques, grâce aux gains comptables.

Par conséquent, à mon avis, *scaling in–scaling out* est une méthode beaucoup moins risquée que le *day trading* ou même la détention d'un portefeuille d'actions que vous avez acheté à 100% avec vos propres fonds. La différence est manifeste.

Un investisseur intelligent essaie de générer un rendement maximal avec le risque initial le plus faible possible. C'est le cas de l'immobilier (ici la banque finance votre maison et votre locataire paie les versements). Et c'est ce qui devrait se passer lorsque vous achetez une entreprise ou des actions de cette entreprise (par le biais de placements privés, et non par l'achat d'actions sur le marché).

À mon avis, la méthode de scaling in – scaling out appartient donc à la boite à outils de l'investisseur avancé.

La première position n'est rien d'autre qu'une hypothèse et c'est vraiment comme ça que vous devriez voir les choses.

Vous bâtissez une hypothèse sur la façon dont un marché pourrait se développer (à partir du moment de l'achat ou de la vente sur une vente à découvert). Cette hypothèse est confirmée ou non. Fondamentalement, la sortie n'a pas d'importance. Parfois vous aurez raison, parfois tors.

C'est pourquoi vous ne devez pas pyramider (acheter la plus grande position au début), parce qu'alors vous achetez la plus grande position avec *votre* argent. Il est préférable d'acheter la majeure partie de la position avec l'argent du marché (au moyen des gains comptables).

Bien entendu, la méthode *scaling in – scaling out* n'est pas totalement exempte de risque, car une inversion moyenne ou petite peut réduire, voire même détruire, les gains comptables accumulés. Inutile de dire que si cela se produit, vous devez commencer à réduire votre position ou à la fermer complètement si nécessaire. Ensuite, c'est « rien risqué, rien gagné ».

C'est pourquoi je vous recommande de ne pas utiliser cette méthode sur les tendances moyennes (qui durent quelques jours) ou même sur les tendances à court terme (quelques heures). C'est l'erreur commune que beaucoup commettent. Cette méthode est conçue pour les principales tendances boursières. L'idée est que vous spéculez pendant quelques semaines, voire plusieurs mois. Ce n'est qu'ainsi que vous pourrez réaliser des gains supérieurs à la moyenne, même avec un petit capital de départ. Cela n'est guère possible avec des tendances qui ne durent que quelques jours. La position prend du temps à se développer.

Par exemple, si vous achetez une action à 20 €, votre objectif ne doit pas être de la vendre à 22 €. Ce n'est pas une forte tendance. Mais si vous conservez l'action pendant six mois et que celle-ci grimpe à 35 €, vous avez alors le temps de vous créer une position importante, que vous financez avec des gains comptables.

Scaling in – scaling out n'est pas exceptionnel, d'ailleurs. C'est une méthode couramment utilisée par de nombreux traders, ainsi que par les hedgefonds pour créer des positions significatives sur un marché. Cependant, si vous n'avez aucune expérience préalable de cette méthode, je vous recommande de commencer avec une approche sereine et de ne pas acheter trop de contrats lors de la première transaction. Je vais démontrer comment la technique fonctionne avec deux exemples.

Image 2: Pétrole brut: scaling in–scaling out

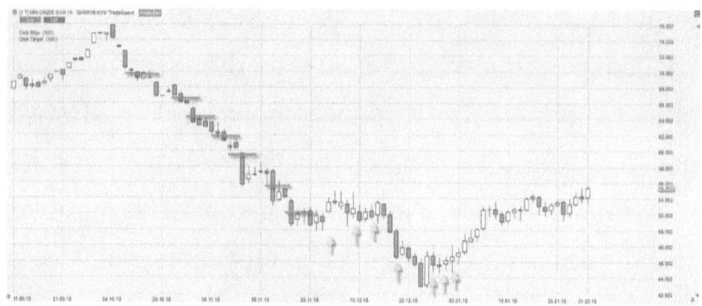

À titre d'exemple, examinons de plus près cette spéculation à découvert sur les contrats à terme sur le pétrole brut. Après que le marché ait annoncé un signe baissier, le trader a conclu un premier contrat à terme à 69,70 $ (petite ligne rouge dans le coin supérieur gauche du graphique). Alors que le marché continuait de chuter, il a conclu à un deuxième contrat à découvert à 66,40 $. Au total, il a conclu sept contrats sur ce marché en baisse. Lorsque le pétrole brut a atteint le support des 50 $ fin novembre 2018, le futur a commencé à s'effondrer à ce niveau. Après s'être maintenu pendant une semaine, le trader était conscient du fait qu'un retournement ou une correction pouvait survenir et a commencé à passer à la vitesse supérieure. Il a racheté un premier contrat sur le marché (première flèche verte en bas à gauche). Ainsi, il ne lui manquait que six contrats et il avait réalisé des gains sur un contrat. Lorsque le marché s'est stabilisé au-dessus de 50 $ après trois jours, il a conclu un deuxième contrat et un troisième contrat deux jours plus tard, de sorte qu'il ne restait que quatre contrats en cours.

Le trader a été récompensé pour sa patience, car le 17 décembre, le pétrole brut est tombé en dessous des 50 $. Lorsque le contrat à terme est tombé en dessous de 47 $ le lendemain, il a conclu un quatrième contrat. Il ne lui restait plus que trois contrats. Le creux de ce mouvement a été atteint avec 42,72 $. Bien sûr, le trader ne pouvait pas prédire ce creux. Au fur et à mesure que le futur a recommencé à monter dans les jours suivants, il a progressivement clôturé les trois contrats restants (flèches vertes à droite).

Bien que le trader n'ait pas atteint le maximum dans cet exemple, il a néanmoins fait une transaction fructueuse. Il était dans cette tendance avec sept contrats à découvert, qu'il a pu conclure avec des gains. Dans l'ensemble, le trader était dans la position du 18 octobre 2018 au 2 janvier 2019 - presque deux mois et demi. Il s'agit d'un laps de temps typique pour le type de transaction dont nous parlons ici.

Par conséquent, nous allons examiner de plus près la spéculation et le développement des contrats individuels. Dans ce cas, le trader a échangé le contrat à terme sur le pétrole brut au CME (code CL). La taille des ticks (la plus petite fluctuation de prix) est de 0,01 $! par baril. La valeur d'un tick est de 10,0 $. La marge au jour le jour de son courtier américain était de 2 145 $. Cela signifie que l'opérateur devait disposer d'au moins 2 145 $ sur son compte pour pouvoir négocier un contrat. Cependant, il a réussi à obtenir des contrats supplémentaires, grâce aux gains comptables des premiers contrats.

Contract 1: Short USD 69.70, flat USD 53.50, profit:	1,620 tics x USD 10 = USD 16,200
Contract 2: Short USD 66.40, flat USD 54.05, profit:	1,235 tics x USD 10 = USD 12,350
Contract 3: Short USD 64.20, flat USD 52.10, profit:	1,210 tics x USD 10 = USD 12,100
Contract 4: Short USD 61.90, flat USD 46.60, profit:	1,530 tics x USD 10 = USD 15,300
Contract 5: Short USD 59.70, flat USD 45.90, profit:	1,380 tics x USD 10 = USD 13,800
Contract 6: Short USD 55.80, flat USD 46.10, profit:	970 tics x USD 10 = USD 9,700
Contract 7: Short USD 52.20, flat USD 47.50, profit:	470 tics x USD 10 = USD 4,700
Total:	**8,415 tics x USD 10 = USD 84,150**

Si le trader avait conclu un seul contrat, par exemple le premier, ses gains auraient été de 16 200 $. Certainement pas mal, mais j'espère pouvoir démontrer l'avantage de la méthode *scaling in* dans cet exemple, où un gain de 84 150 $ a été enregistré. En d‹autres termes, le trader a pu réaliser un gain de 84 150 $ avec une mise de 2 140 $ (marge initiale du premier contrat). Ce sont les transactions dont je parle, et elles aident vraiment à développer votre compte de manière substantielle (et dans de nombreux cas, votre situation financière aussi). C'est pourquoi, à mon avis, cela vaut la peine d'attendre patiemment de telles opportunités.

Cet exemple est un peu idéaliste. Ici, nous avions affaire à un marché qui descendait progressivement, en escalier. Bien entendu, cette situation permet à un trader de créer facilement une position étape par étape. Il a été aussi en mesure de s'écarter discrètement lorsque le marché a atteint le niveau de 50 $. Normalement, vous vous attendez à un véritable retournement, ce qui oblige le trader à fermer ses positions rapidement. Comme ce n'était pas le cas, le trader pouvait profiter d'une nouvelle baisse du prix du pétrole avec les quatre contrats restants.

Il doit être clair pour le lecteur qu'un tel cas ne se produit pas tous les jours. En règle générale, s'il s'agit d'un véritable «marché de crise», la situation est un peu plus chaotique. L'exemple suivant illustre une telle situation.

Image 3: Gaz naturel futurs, graphique sur 4 heures

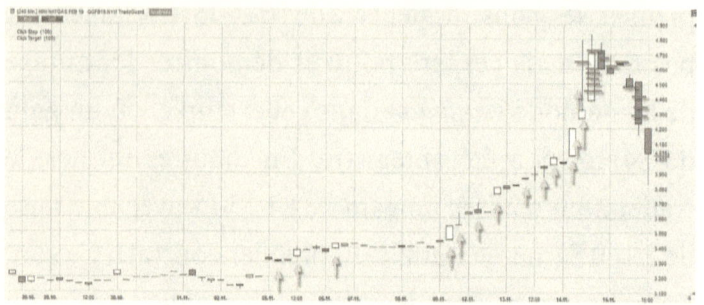

Dans l'exemple de l'image 3, le trader a choisi de négocier le contrat principal sur le gaz naturel (GN), négocié sur le Nymex. Son courtier américain exigeait une marge journalière de 2 420 $ par contrat. S'il avait négocié avec un courtier européen, par exemple, il aurait dû déposer 5 000 $ pour négocier un contrat. La plus petite fluctuation de prix dans ce contrat est de 0,001. La valeur d'un tick est de 10 $.

Après que le futur du gaz naturel ait fluctué entre 2,50 $ et 3,00 $ pendant des mois en 2018, le prix est soudainement passé au-dessus de 3,20 $ le 5 novembre. Cela a incité le trader à ouvrir une première position de test sur ce marché (première flèche verte en bas à gauche). Lorsque le prix a atteint 3,40 $ le même jour, le trader a acheté un deuxième contrat. Le 6 novembre, les contrats à terme dépassant 3.40 $, le trader a donc acheté un troisième contrat. Il a fallu attendre le 9 novembre pour que le trader puisse acheter à nouveau. Le marché a dérapé pendant plusieurs jours.

Du 9 au 13 novembre, le trader a pu acheter six contrats supplémentaires. Il était maintenant long avec neuf contrats. Le 14 novembre, le futur a commencé à grimper de façon parabolique. Au cours de la journée, le futur est passé de 4,00 $ à plus de 4,80 $, soit une augmentation de 20%! Comme vous pouvez le constater, le trader a acheté quatre autres contrats en cours de route, mais il a rapidement dû commencer à passer à la vitesse supérieure en raison de l'incroyable volatilité. Dans l'après-midi et la soirée du 14 novembre, le trader a vendu neuf de ses quatorze contrats. Il ferma les cinq autres le lendemain, à des prix moins avantageux. Son hypothèse selon laquelle le futur continuerait à augmenter le lendemain, peut-être même à plus de 5 $, ne s'était pas vérifiée, il a donc dû vendre le reste de sa position.

Bien que le trader soit loin d'avoir vendu au plus fort de ce mouvement du gaz naturel, il a réalisé des gains considérables. Cette spéculation n'a duré que 10 jours, une période inhabituellement courte pour ce type de spéculation. Vous voyez, le trader a pu acheter de plus en plus de contrats à la hausse, grâce aux gains comptables. Ensuite, il a dû sortir de sa position relativement rapidement. Dans ce cas, en quelques heures. Il est important de prendre cela en compte lorsque la volatilité des marchés commence à augmenter de manière disproportionnée. En général, cela indique

que le mouvement touche à sa fin. Regardons de plus près les gains des contrats négociés ici.

Contract 1: Long USD 3,200, flat USD 4,450, profit: 1,250 tics x USD 10 = USD 12,500

Contract 2: Long USD 3,400, flat USD 4,500, profit: 1,100 tics x USD 10 = USD 11,000

Contract 3: Long USD 3,430, flat USD 4,550, profit: 1,120 tics x USD 10 = USD 11,200

Contract 4: Long USD 3,550, flat USD 4,580, profit: 1,030 tics x USD 10 = USD 10,300

Contract 5: Long USD 3,600, flat USD 4,600, Profit: 1,000 tics x USD 10 = USD 10,000

Contract 6: Long USD 3,650, flat USD 4,650, Profit: 1,000 tics x USD 10 = USD 10,000

Contract 7: Long USD 3,800, flat USD 4,720, profit: 920 tics x USD 10 = USD 9,200

Contract 8: Long USD 3,870, flat USD 4,680, profit: 810 tics x USD 10 = USD 8,100

Contract 9: Long USD 3,950, flat USD 4,620, profit: 1,000 tics x USD 10 = USD 10,000

Contract 10: Long USD 4,000, flat USD 4,650, profit: 670 tics x USD 10 = USD 6,700

Contract 11: Long USD 4,100, flat USD 4,480, profit: 380 tics x USD 10 = USD 3,800

Contract 12: Long USD 4,200, USD 4,450 flat, Profit: 250 tics x USD 10 = USD 2,500

Contract 13: Long USD 4,300, flat USD 4,350, profit: 50 tics x USD 10 = USD 500

Contract 14: Long USD 4,450, flat USD 4,290, loss: 160 tics x USD 10 = - USD 1,600

Total: **10,420 tics USD 104,200**

Comme vous pouvez le constater, la spéculation valait la peine, même si le trader a dû fermer un contrat à perte (contrat 14). Si vous devez scale-out rapidement, cela peut arriver. Il est important de garder à l'esprit que les prix peuvent fluctuer énormément à la fin d'un tel mouvement. Et bien que l'essentiel des gains soit réalisé à la fin, il convient de se méfier des corrections ou des retournements qui pourraient ensuite se produire.

Chapitre 5 :

Faut-il utiliser des ordres Stop?

Le principal avantage de la technique *scaling in – scaling out* consiste à réduire le risque initial. Le trader qui négocie toujours avec le même niveau de position prend toujours le même risque. Cependant, si vous développez votre position progressivement, vous minimisez graduellement le risque. À un moment donné, il disparaît complètement. Avec le quatrième ou le cinquième contrat, vous aurez accumulé tellement de gains que vous ne pourrez plus perdre. Bien sûr, chaque fois que vous achetez un nouveau contrat, vous avez un risque de marché pour ce contrat spécifique, sur la base de votre capital spéculatif, les gains accumulés vous protègent d'un nouveau risque pour votre compte. C'est la différence fondamentale que vous devez comprendre et c'est pourquoi cette technique vous permet une bien meilleure gestion des risques, que vous ne l'auriez fait autrement.

Bien sûr, vous devez toujours être conscient du scénario dans lequel une tendance établie se modifie soudainement et où le marché commence à évoluer massivement dans l'autre sens. Dans ce cas, vos contrats, qui étaient rentables au début, commencent soudainement à baisser. Selon le nombre de contrats (ou d'actions) que vous détenez actuellement, un tel contre-mouvement peut rapidement entraîner des pertes importantes. Vous recevrez alors des appels de marge de votre courtier. Dès que le premier appel de marge arrive, vous ne devez pas hésiter à « outscale » immédiatement. Vous devrez peut-être même fermer la position complètement et classer cette spéculation dans la catégorie «tentatives infructueuses».

Une autre façon de réduire les risques, lorsque le marché va dans la mauvaise direction, consiste à sécuriser vos positions avec des stops. Bien sûr, si vous avez acheté plusieurs contrats et que vous souhaitez les sécuriser tous avec des stops, les choses vont se compliquer un peu. C'est à chaque trader de décider s'il veut utiliser des stops ou non.

En fait, lorsque vous travaillez avec des stops, vous ne créez pas une seule position. Au contraire, vous avez beaucoup de transactions individuelles les unes à côté des autres. Vous divisez votre position en plusieurs petites transactions. Cela ne présente pas de problèmes, et je recommande aux traders de commencer en procédant ainsi.

La question qui se pose est, comment faire, parce que, quelle que soit la méthode-stop que vous utilisez, vous constaterez inévitablement qu'une correction à court terme sortira des contrats du marché si vous mettez vos stops trop près du niveau d'entrée. Malgré cet inconvénient, je recommande que les débutants travaillent de cette façon pour commencer. Vous devez d'abord vous familiariser avec cette méthode et prendre confiance, de sorte qu'ultérieurement, vous puissiez commencer à employer des stops plus généreux.

Un débutant employant cette technique peut arrêter le stop du premier contrat, pour atteindre son seuil de rentabilité dès qu'il achètera le deuxième contrat. Il devra faire la même chose avec le deuxième contrat, dès qu'il achètera le troisième, et ainsi de suite. De cette façon, son risque maximum est toujours égal à R1, ou en d'autres termes, il n'est jamais plus grand que son risque initial quand il a acheté le premier contrat. C'est une approche conservatrice, mais qui est claire et sans interprétation possible.

Une deuxième option serait d'utiliser les *trailing-stops*, que vous pourriez placer pour chaque contrat en cours. Ceci vous donne un peu plus de flexibilité, et également une meilleure chance de tirer le maximum de la transaction, ce qui est le principal avantage d'un *trailing-stop*. Malheureusement, avec cette méthode, vous constaterez que des contrats sont exclus du marché par des renversements ou des contre-mouvements, ce qui naturellement est particulièrement ennuyeux si la tendance continue.

Bien sûr, si un renversement met deux ou trois contrats hors du marché, vous pouvez toujours les racheter plus tard, mais je recommande ceci seulement aux traders qui sont déjà familiers de la méthode.

Une méthode plus avancée de gestion des risques est de couvrir la position (hedging). Avec cette méthode, le trader spécule de façon inverse à la même valeur de base fondamentale, ou avec un instrument corrélé, afin de protéger le compte de pertes majeures. En règle générale, il doit choisir le même nombre de contrats que sa position possède actuellement. Par exemple, s'il a cinq contrats longs dans la paire de devise EUR/USD, il protégera sa position avec cinq positions vendeur sur le même marché. Si l'EUR/USD prend un virage à 180 ° contre ses attentes, ses ordres *stop-sell,* (ordres courts) seront exécutés graduellement. Ainsi, il « gèle » sa position, pour ainsi dire. De cette façon, la perte est limitée. Cela résulte de la différence entre le prix d'entrée de la position longue et le prix d'entrée de la position vendeur.

Il est important de savoir que tous les courtiers Forex ne vous permettront pas de couvrir vos positions. Par conséquent, si vous voulez employer les hedges comme outil de gestion des risques, vous devez vous renseigner auprès de votre courtier, à l'avance, si c'est possible.

Une fois que le *hedge* a été construit et que la position est gelée, le trader a plusieurs options. Il peut clôturer la pleine position, y compris les hedges et doit accepter la perte. Généralement, c'est la meilleure solution. Mais il peut également faire des clôtures partielles et spéculer avec une position réduite, si le marché lui donne les indications qu'il se développera de nouveau dans la direction désirée.

Les hedges sont un sujet complexe et l'expérience a prouvé que cela ne fonctionne pas pour la plupart des traders. Pour la majorité d'entre eux, les stops classiques sont toujours la meilleure solution. Je vois les hedges plus comme une sorte de « frein de secours », qui se met en action seulement quand la position est vraiment en danger et que de plus grandes pertes pourraient se produire. De mon point de vue, seuls les traders qui savent vraiment ce qu'ils font doivent utiliser des hedges pour protéger leurs positions ouvertes.

Chapitre 6 :

Que faire si le marché s'oriente dans la mauvaise direction ?

Peu importe comment vous préparez votre spéculation, vous constaterez, de temps en temps, qu'une position que vous tenez actuellement ne s'établit pas comme désiré. Peut-être ne bouge-t-elle pas du tout, et votre position test varie légèrement du plus au moins. Naturellement, c'est la version simple. Vous pouvez également clôturer la position, et attendre que quelque chose commence vraiment à se produire, ou la deuxième option est de pousser le stop au plus près de votre prix d'entrée, dans l'espoir que le marché commence par la suite à évoluer correctement. En général, vous serez arrêté. C'est une sagesse de trader bien connue que les positions qui sont immédiatement bénéficiaires sont habituellement les meilleures. Si elles ne le sont pas, soyez prudents.

D'un autre côté, si votre position prend, dès le départ la bonne direction, et que vous êtes en mesure d'acheter déjà trois ou quatre contrats, mais si le marché fait soudain volte-face, vous ne devez pas paniquer. Les émotions, comme la panique, sont un signe indubitable que, soit votre position est trop grande, soit cette méthode ne vous convient pas.

Si le marché va contre vous pendant quelques heures ou jours, et que les pertes deviennent trop importantes, au lieu de vous dépêcher pour clôturer la position, vous pouvez fermer une partie de votre position. Par exemple, vous pourriez vendre les deux derniers contrats que vous avez achetés, qui sont maintenant à perte, et observer alors le marché jusqu'à ce qu'il revienne en votre faveur. Le grand avantage des entrées multiples est que vous n'avez pas besoin de clôturer toute la position quand les choses ne vont pas bien. Si vous avez seulement un contrat, il va de soi que vous devez vous retirer complètement.

Quand vous commencez à travailler avec la méthode *scaling in–scaling out* vous apprendrez automatiquement à gérer activement vos positions. Cette technique est basée sur l'idée qu'il n'y a, habituellement, pas d'entrée idéale dans une position. En règle générale, vous devrez être patient, et donner le temps à votre position de devenir bénéficiaire.

Par ailleurs, tous les marchés de tendance ne se développent pas linéairement, dans une seule direction. C'est pourquoi je préconise de spéculer sur des espaces plus longs, tels que les graphiques quotidiens ou même les graphiques hebdomadaires. Si votre position présente des gains décents et que vous avez quatre ou cinq contrats sur le marché, alors vous n'êtes pas nécessairement obligé de vendre quand le marché va contre vous pendant quelques jours. Évidemment, ce scénario stressera quelques traders, mais vous devez pouvoir résister si vous voulez devenir millionnaire.

Le seul vrai risque est la perte de votre capital initial. Vous devez agir au plus tard quand les premiers appels de marge arrivent.

Comme chaque marché évolue différemment, il ne peut y avoir de schéma pour créer des positions. C'est à vous de décider si votre position est tout simplement trop grande ou peut-être trop petite. Votre tâche, en tant que gestionnaire de votre compte, consiste à générer le rendement maximal avec le risque minimal. Si vous ne minimisez que vos risques et n'achetez pas assez de contrats si la spéculation se passe bien, vous enfreignez la premiere partie de cette règle. La force de la méthode que je recommande ici est de comprendre que le succès du marché boursier a peu à voir avec les taux de réussite ou les entrées exactes. Vous réussirez dans le trading si vous comprenez que les gains sont asymétriques. Si vous êtes sur la bonne voie, votre position devrait être suffisamment importante pour que vous puissiez en tirer des avantages disproportionnés. Votre historique de trading pourrait ressembler à ceci:

- 270

-1 745

+ 200

-2 340

+ 14 230

-3 140

+ 490

-1 300

-2 580

+ 45 360

- 378

-1 700

Et ainsi de suite. J'espère que vous comprenez l'idée. Les gains monstres ne se produiront que si vous apprenez à acheter de manière cohérente lorsque vous êtes sur la bonne voie.

Chapitre 7 :

Allez au Global Macro

Puisque je recommande aux traders d'utiliser cette méthode pour observer les développements sur les marchés mondiaux, nous devrons également regarder la stratégie qui porte ce nom. *La stratégie Global Macro* est une stratégie de hedgefonds basée sur les principes macroéconomiques de différents pays ou régions. Par exemple, si le gestionnaire de fonds estime que la zone euro entre en récession, il peut vendre des actions à découvert ou des indices boursiers de la zone euro. Il dispose de tous les outils du secteur financier: actions, contrats à terme, options, devises, contrats forwards, obligations ou ETF. Les fonds macro-économiques mondiaux construisent ainsi des positions basées sur des événements ou des changements sur les marchés financiers internationaux à travers le monde.

L'une des plus célèbres spéculations Global Macro était le pari que George Soros avait fait contre la livre sterling en 1992 (d'ailleurs, je ne partage pas les vues politiques de Soros, mais je l'admire en tant que trader). Soros a alors supposé que la Grande-Bretagne quitterait le système monétaire européen. Selon son analyse, au Royaume-Uni, l'inflation et le taux directeur étaient trop élevés, ce qui a eu un impact négatif sur l'économie britannique. Son fonds a ensuite constitué une position courte de 10 milliards en livres sterling sur plusieurs mois. À l'époque c'était une position énorme, même pour un hedgefond professionnel. Comme vous le savez peut-être, Soros ne bricole pas: ses traits sont larges. À la fin, le Royaume-Uni a dû céder et quitter le système monétaire européen du jour au lendemain. La livre s'est fortement dépréciée. Le gain de Soros était de plus d'un milliard de dollars, le plus grand gain qu'un trader ait jamais réalisé jusque-là.

Les traders de Global Macro justifient clairement leurs spéculations. Maintenant, une telle approche semble indiquée que vous devriez avoir au moins un diplôme en économie ou toute une division de spécialistes qui fournissent des analyses approfondies sur l'évolution des marchés financiers, à partir desquelles vous, le trader, pouvez choisir la crème de la crème.

La vérité est que les gestionnaires de ces fonds en savent aussi peu que vous. Peut-être ont-ils accès à plus de données que vous. Peut-être sont-ils un peu plus intelligents (je n'en suis pas convaincu !) Mais le fait est que ces personnes sont tout aussi inquiètes de savoir si le prix du pétrole va augmenter ou non, ou si le Royaume-Uni va quitter l'UE ou non, ou si le président Trump remportera la prochaine élection ou non, et ce que cela pourrait signifier pour le dollar.

Vous avez réellement un avantage sur ces spécialistes. Vous n'êtes responsable vis-à-vis d'aucun client ou investisseur en ce qui concerne vos décisions de spéculation. Les clients peuvent toujours menacer de retirer leur argent si leurs performances ne sont pas satisfaisantes, ce qui peut coûter cher. Vous n'avez aucun de ces problèmes. Vous pouvez simplement spéculer sans crainte. La seule chose que vous risquez, c'est l'argent de votre compte.

Et, en ce qui concerne les informations disponibles, nous en avons beaucoup trop de nos jours. L'Internet regorge de nouvelles, d'analyses et d'opinions de soi-disant spécialistes.

Je me spécialise dans les crises. La raison en est simple. À un moment donné, vous en entendrez parler, soit dans les nouvelles ou sur l'un de vos blogs financiers sur Internet. Les crises se répètent encore et encore, et parfois elles ont de longs délais qui vous donnent tout le temps de découvrir et de construire des positions initiales. Lorsque la Grèce a dérapé en 2010, le pays était à la une tous les soirs (au moins en Europe).

Et vous ne devez pas vous compliquer la tâche. S'il y a une crise quelque part, vos options sont de toute façon limitées. Voulez-vous vendre à découvert dans la devise du pays ou préférez-vous vendre à découvert son indice boursier le plus important? Ou les deux ?

Que vous disposiez ou non de statistiques détaillées et de données sur les problèmes du pays ne facilitera pas votre processus de prise de décision; au contraire, cela risque de vous paralyser et peut-être même de vous empêcher de spéculer. Certes, jusqu'à présent, personne n'est devenu pauvre de cette façon, mais cela n'a enrichi personne non plus. Dit simplement : Vous devrez apprendre à être un spéculateur agissant au niveau international, malgré des informations limitées. Peut-être un spéculateur maladroit au début, mais avec une expérience croissante, vous deviendrez un spéculateur plus expérimenté, et qui sait? À un moment donné, vous pourriez même devenir aussi avisé que Soros, Rogers ou Paulson.

Chapitre 8 :

Regardez la «Big Picture»

Je suis toujours étonné de voir à quel point les traders s'intéressent peu aux graphiques historiques. Si dans votre activité principale vous utilisez le graphique de 5 minutes, pourquoi regarder un graphique quotidien, et encore moins un graphique hebdomadaire de votre marché?

Mais si vous voulez parier sur de plus grandes tendances, alors vous devriez faire ceci: étudiez les graphiques à long terme. Vous pouvez trouver ces graphiques sur des sites internet spéciaux, tels que finviz.com. L'avantage de ce site est la vue d'ensemble qu'il vous donne sur tous les marchés, en un coup d'œil. Cliquez simplement sur «futurs» puis sur «graphiques». Vous pouvez voir quels marchés sont actuellement à la hausse ou à la baisse, et quels marchés dérapent. Finviz répertorie les principaux indices, matières premières, obligations et devises. Il vous suffit de visiter ce site une fois par semaine pour savoir ce qui se passe sur les marchés.

Maintenant, vous vous demandez peut-être s'il est absolument nécessaire d'étudier l'évolution des prix d'un marché, non seulement pour les deux ou cinq dernières années, mais aussi, le cas échéant, pour les 20 ou 30 dernières années, comme le font certains traders.

Je connais un investisseur néerlandais qui remonte encore plus loin dans le temps. Une fois, il m'a invité chez lui, car il savait que j'étais impliqué dans le marché boursier. Après avoir discuté autour d'une bonne tasse de café, il m'a emmené dans une pièce adjacente, décorée avec de vieilles cartes, avec une grande table en chêne au milieu. Il m'invita à m'asseoir et sortit soudain d'une armoire de gros cahiers qu'il posa sur la table en chêne. Il s'est avéré qu'il avait lui-même rédigé ces livres avec le plus grand soin. « Il n'y en a qu'un seul exemplaire dans le monde », déclara-t-il. Je ne savais pas trop s'il plaisantait ou s'il avait parlé avec une pointe d'ironie. Quoi qu'il en soit, j'ai été émerveillé lorsque j'ai commencé à feuilleter un des cahiers. Chaque feuille représentait l'historique des prix d'un marché. Il y avait le Dow Jones, le néerlandais AEX, il y avait des obligations, des matières premières et des devises. C'était vraiment fascinant, car certains de ses graphiques remontaient à plus de 300 ans.

Ce trader savait, par exemple, quel était le prix du blé à l'époque de la Révolution française. Il connaissait le prix du café lors de l'ouverture des premiers cafés à Londres et à Paris au XVIIe siècle. Pour l'or et l'argent, il avait besoin de deux pages, car ces graphiques remontaient à plus de 800 ans.

C'était fascinant de voir tout ce que ce trader avait rassemblé dans ce travail de bénédictin. Il avait cette information d'une personne en particulier qui se spécialise dans la présentation de tels graphiques à long terme.

Vous vous demandez peut-être comment il est possible d'avoir de tels historiques sur les graphiques, d'autant plus que l'habitude de regrouper les actions dans un indice ne s'est matérialisée qu'à la fin du XIXe siècle, lorsque Charles Dow a inventé l'indice Dow Jones. Cette opération a été réalisée en collectant les données les plus importantes sur les actions avant l'introduction de l'indice, permettant ainsi de calculer le Dow Jones à rebours.

Au début, je pensais que son passe-temps, comme il l'appelait, était en fait un loisir, car qu'importe si vous savez aujourd'hui quel était le prix théorique (recalculé) en dollars à l'époque de la guerre d'indépendance américaine. L'investisseur néerlandais semblait prendre tout cela très au sérieux (les Néerlandais, on le sait, ont inventé le marché boursier).

Et plus je lui parlais de tel ou tel développement historique sur certains marchés, plus j'avais l'impression qu'il utilisait réellement ses graphiques pour spéculer.

Bien sûr, de tels calculs doivent être traités avec une certaine prudence. En parcourant ses cahiers, il souligna à plusieurs reprises un point ou un autre dans un graphique des index ou de produits et déclara : « Je pense qu'il nous faudra encore quatre ou cinq ans pour atteindre ce niveau. Ensuite, ça va devenir intéressant. » Je pouvais voir un petit scintillement dans ses yeux rien qu'à y penser. Il n'a laissé aucun doute sur le fait qu'il avait la patience d'attendre quatre ou cinq ans avant d'investir dans tel ou tel marché.

Bien sûr, vous n'avez pas besoin de faire votre recherche historique aussi loin que cet investisseur néerlandais, mais j'étais un peu jaloux de sa méthode. « Il a une perspective », pensai-je. Je pouvais l'imaginer assis de temps en temps à sa table en chêne, penché sur ses cartes et pensant peut-être : « D'accord, attendons encore deux ans avant de faire quoi que ce soit ici. »

J'ai appris deux choses de cet homme. D'abord, la patience. Non seulement il avait imprimé ses graphiques (fortement recommandé), mais il les conservait comme des livres d'art, afin qu'il puisse les regarder avec le respect et la distance nécessaires, afin de réfléchir à leur développement. Cette «perspective du dimanche» lui donne la distance nécessaire pour regarder quelque chose en paix. C'est à peine possible sur un écran.

La fantaisie de prix qu'offre une telle perspective à long terme est encore plus importante. Si vous regardez un graphique horaire de Dow Jones (une perspective dont mon ami boursier hollandais ne pouvait que rire), quelle fantaisie de prix avez-vous? Cinq cents points? Ce trader néerlandais considérait un Dow Jones de 25 000 points comme une étape intermédiaire sur la voie des 100 000 points.

(Quand j'étais avec lui, le Dow s'élevait à 9 000, je pense). En raison de sa vision historique, il avait cette fantaisie de prix. Il ne pouvait pas me dire exactement si nous atteindrions les 100 000 en 2040 ou 2045, mais il était à peu près sûr que cela se produirait vers cette période.

Je vous raconte cette histoire, car elle montre que sans de telles fantaisies de prix, vous ne pouvez devenir un spéculateur à succès. Il faut regarder à vol d'oiseau et oublier les allers et retours quotidiens sur le marché boursier. Tout cela n'est que du bruit qui parvient à vous déstabiliser.

Pour spéculer, vous avez besoin d'un esprit clair et d'une perspective qui traite davantage des graphiques hebdomadaires et mensuels d'un marché que des graphiques horaires ou même des unités de temps plus courtes. Si vous voulez savoir où se trouve l'argent sur le marché boursier, c'est là que vous le trouverez - dans les graphiques hebdomadaires et mensuels.

Et si vous recherchez des signaux d'entrée ou de sortie clairs, je vous recommande d'utiliser les graphiques d'Heikin Ashi autant que possible, car ils filtrent également le bruit quotidien sur un graphique. Voici quelques exemples.

Image 4: USDCAD, graphique hebdomadaire 2014-2016

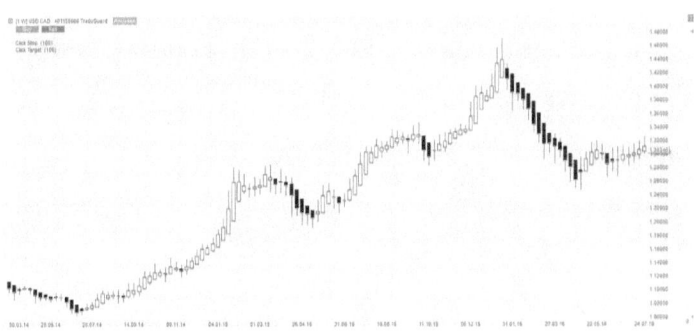

Observez ce graphique hebdomadaire de la paire de devises dollar américain / dollar canadien. Chaque bougie représente une semaine de négociation. Je pense que la tendance sur ce graphique est claire. Dès que la couleur change, vous pouvez fermer la position ou même échanger dans le sens opposé. Si la couleur change à nouveau, vous devez également fermer ou modifier votre position. C'est aussi simple que ça.

Image 5: Amazon, graphique hebdomadaire 2015-2018

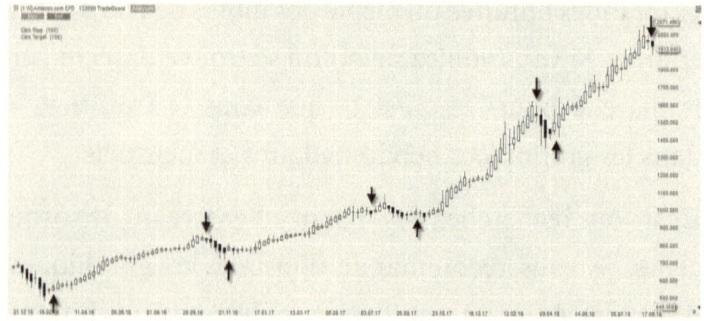

Ce graphique hebdomadaire des actions d'Amazon est encore plus clair. Bien sûr, Amazon enregistrait une nette tendance à la hausse sur cette période. Mais regardez comment les bougies d'Heikin Ashi auraient pu facilement vous aider à établir des positions significatives sur un tel marché.

Image 6: Apple, graphique hebdomadaire

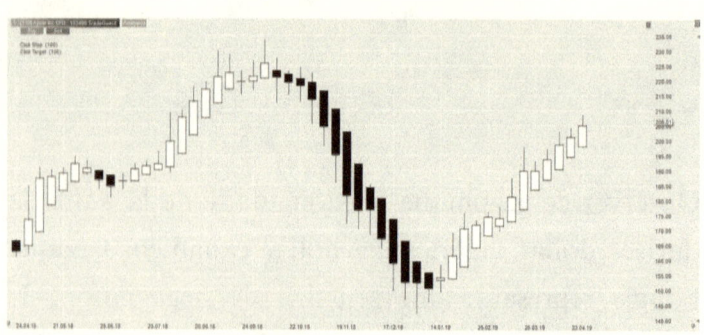

Ou un exemple courant. Dans le dernier trimestre de 2018, les actions d'Apple ont connu un fort mouvement à la baisse (bougies noires d'Heikin Ashi). Mais après qu'un doji soit apparu, le signal parfait d'entrée pour une position longue est intervenu en janvier 2019.

Chapitre 9 :
Cherchez un catalyseur

Naturellement, vous pouvez suivre la tendance, selon les exemples dans le chapitre précédent, mais vous serez alors vraiment un suiveur de tendance. Il n'y a rien de mal à ça, mais s'il vous plaît, faites-le avec les leaders du marché, en d'autres termes, avec les actions qui sont également achetées par les fonds fonds d'investissement grands. Alors vous avez une bonne chance que votre spéculation réussisse.

Cependant, par le passé, j'ai souvent obtenu de vraiment bons résultats quand j'ai trouvé un marché qui commençait à évoluer en raison d'un changement fondamental. Qu'est-ce qui peut faire bouger un marché, sinon les nouvelles dramatiques, positives ou négatives ?

Pour pouvoir spéculer sur une telle dimension, vous avez besoin d'un catalyseur. Qu'est-ce que j'entends par là ? Un catalyseur est un événement ou un développement dans un marché, qui change fondamentalement la perception des acteurs concernés.

Ainsi, ce n'est pas un message qui va faire grimper ou baisser le prix de quelques pour cent à court terme.

Même une perspective négative ou le déclassement d'une société d'analyste ne sont pas suffisants pour changer intrinsèquement la perception d'une compagnie. Même les nouvelles soudaines (par exemple, l'approbation de mise sur le marché d'un médicament dans une entreprise biopharmaceutique) vous aideront à peine. En règle générale, le marché s'ouvre avec un énorme écart des prix après de telles nouvelles. Ainsi, les nouvelles sont déjà prises en compte dans le prix. Naturellement, les actions pourraient continuer à grimper, mais il n'y a aucune garantie.

Le même principe s'applique aux nouvelles étonnamment négatives des entreprises. Dans le cas présent, les actions s'ouvrent avec une tendance à la baisse. Ainsi, les mauvaises nouvelles sont également prises en compte.

Il est difficile de prévoir tous ces événements et encore plus de spéculer dessus, à moins que vous ne spéculiez sur le contre-mouvement technique. J'ai décrit comment faire cela dans mon livre « Trader à contre-tendance». Les nouvelles à court terme ou inattendues ne vous aident pas vraiment quand vous spéculez sur de grandes tendances. C'est pourquoi vous pouvez en toute confiance les ignorer.

Le même principe s'applique aux résultats inattendus d'élections ou de référendums, comme c'était le cas pour le Brexit. Si, la veille d'un tel événement, vous prenez une position courte ou longue sur la livre britannique, c'est un pari. Vous ne pouvez pas vraiment spéculer sur des événements dramatiques tels que le Francogeddon (flèche rouge du côté gauche dans le graphique). Cet incident a duré 25 minutes, et personne (ou presque) ne s'y attendait particulièrement, car la Banque Nationale Suisse avait publiquement annoncé, quelques jours plus tôt, qu'elle se maintiendrait à un taux EUR/CHF de 1.20. Même les banques centrales sont dirigées par des êtres humains, et comme vous pouvez le constater, ils peuvent changer d'avis n'importe quand.

Image 7: EURCHF, graphique hebdomadaire Heikin Ashi 2014-2018

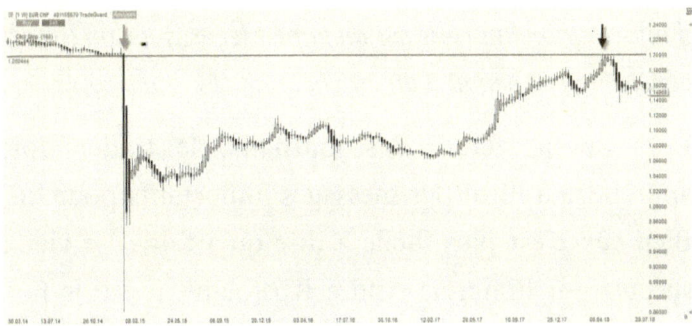

Naturellement, en tant qu'investisseur, vous auriez pu graduellement bâtir une position longue d'EUR/CHF, une fois les choses tassées après la débâcle du franc suisse. On pouvait supposer que le marché avait réagi exagérément, et qu'il corrigerait cette exagération (l'EUR/CHF plongeant de 1.20 à 0.96 en 25 minutes). C'est ce qui s'est produit en réalité, et l'EUR/CHF a atteint exactement le bord inférieur de la précédente cheville de la Banque Nationale Suisse (flèche noire dans le coin supérieur droit du graphique). Cependant, la paire a eu besoin de trois ans pour agir ainsi. Ceci viole notre règle de vouloir accroître notre compte rapidement. De tels investissements sont intéressants, mais ils prennent généralement plus de temps.

Qui me connaît un peu sait que malgré toutes les informations disponibles sur l'Internet, j'aime toujours lire le journal. On peut penser que je suis démodé ou un peu excentrique. Permettez-moi d'expliquer brièvement pourquoi je m'accroche à cette habitude.

Pour les plus jeunes lecteurs: un journal est un support d'information imprimé sur du papier léger, que l'on trouve généralement pendu à un crochet dans les bons cafés.

Lors de la lecture des journaux, le trader doit apprendre à filtrer les messages importants pour lui. Bien sûr, c'est plus facile à dire qu'à faire. Le vieux spéculateur hongrois André Kostolany, à qui je fais référence ici, a enseigné qu'il fallait apprendre à lire «entre les lignes». Il voulait dire que les nouvelles en elles-mêmes ne sont généralement pas intéressantes, car elles sont dans les journaux au même moment, donc tout le monde est au courant.

Lors de la lecture d'un article, d'une colonne (un avis) ou d'un commentaire, vous devez être attentif à certaines remarques ou à certains encarts, car ils peuvent contenir des informations intéressantes que vous auriez peut-être négligées en vous contentant de survoler les nouvelles. Et c'est la raison pour laquelle je recommande d'aller au café de temps en temps et de lire un journal, car vous devez toujours conserver cet aspect essentiel de sérénité, pour pouvoir repérer ces informations. Malheureusement, vous ne pouvez plus fumer de cigare dans la plupart des cafés (décision stupide selon moi), car cela permettrait de ralentir encore plus votre rythme de lecture. Si j'ai le temps de le faire sur ma terrasse à la maison le week-end, je trouve souvent ce type d'informations - de petits commentaires ou des encarts intéressants, qui attirent mon attention en tant que spéculateur. Ce sont précisément ces remarques qui peuvent engager une réflexion.

Par exemple, la question pourrait être: quel effet cet événement pourrait-il avoir sur ce marché ou cet autre?

À titre d'exemple actuel (février 2019), le soi-disant *dieselgate* pourrait s'appliquer. Plusieurs constructeurs automobiles (notamment Volkswagen) avaient procédé à des manipulations illégales afin de contourner les limites légales en matière d'émissions de gaz d'échappement. Ce sont les informations.

Maintenant, en tant que spéculateur, il vous incombe de réfléchir à la signification d'un tel événement pour le marché boursier. Bien entendu, l'idée immédiate est de vendre à découvert les actions des constructeurs automobiles concernés. Le principal candidat ici était le titre allemand de Volkswagen, qui était l'un des principaux acteurs du scandale. Cependant, si vous regardez le graphique de cette action, vous réalisez immédiatement que «l'information» a été prise en compte par le marché en très peu de temps. Le titre est passé de 168€ à 105€ à la Bourse de Francfort en trois jours seulement.

Donc, là encore, les nouvelles actuelles ne vous aident pas beaucoup. La bourse réagit immédiatement et seuls les day traders peuvent profiter d'un tel événement. L'action de Volkswagen n'avait donc pas beaucoup de valeur en termes de spéculation sur le scandale du diesel. Comme Kostolany l'a bien dit: « Si vous ne lisez que les titres ou les rapports annuels, pour la plupart ennuyeux, vous n'apprendrez généralement que ce que tout le monde sait déjà.»

Donc, en lien avec un événement d'une telle dimension, vous devez creuser un peu plus si vous voulez trouver une idée intéressante pour spéculer. Et en effet, dans les mois qui ont suivi la sortie du *dieselgate*, il y avait un profiteur indirect. Au fur et à mesure que ce scandale révélait clairement que les véhicules diesel étaient tombés en désuétude, il devait y avoir une autre technologie de véhicule qui en profiterait. Au début, on pense bien sûr aux véhicules électriques, mais le marché est encore très jeune. Ceux qui pensaient logiquement en sont venus à la conclusion que dans un premier temps on achèterait plus de voitures à essence. L'augmentation de la demande pour les voitures à essence a finalement eu des conséquences sur le palladium, métal précieux qui est nécessaire pour les convertisseurs catalytiques. Les émissions d'essence sont nettoyées avec des convertisseurs catalytiques en palladium et les émissions de diesel avec des convertisseurs catalytiques en platine. Depuis que les réglementations sur les émissions dans le monde entier, surtout en Chine, étaient devenues plus strictes, il y avait besoin d'une plus grande proportion de palladium par convertisseur catalytique. Les résultats sont visibles dans le graphique du palladium. La flèche marque septembre 2015, lorsque les nouvelles du *Dieselgate* ont éclaté. Comme vous pouvez le constater, il a fallu un certain temps pour que le marché évolue, mais peu à peu, les acteurs du marché ont compris qu'un changement fondamental s'était opéré. Les investisseurs ont également eu largement le temps de se positionner sur le marché.

Vous voyez, la nouvelle tendance à la hausse du palladium n'est devenue perceptible que progressivement. Dans ce cas-là, le catalyseur d'une tendance boursière était littéralement le convertisseur catalytique ...

Image 8: Palladium 2015-2019

À titre de comparaison le graphique du platine à la même période:

Image 9: Platine 2015-2019

Vous avez donc besoin d'un catalyseur, d'un événement qui «bouge» ou qui réaligne fondamentalement un marché pendant un certain temps, comme ce fut le cas pour le palladium.

Bien entendu, le catalyseur peut également être motivé par des considérations politiques, par exemple lorsque les élections présidentielles aux États-Unis sont imminentes. Les présidents américains ou les candidats à la présidence tendent à être classés comme amis ou ennemis du marché boursier. Dans l'élan de telles élections, le marché boursier peut grimper, dans l'espoir que le candidat désiré (par les investisseurs) gagnera.

Mais même après les élections, le marché boursier peut grimper. Ceci s'est produit, par exemple, en novembre 2016 quand, à la surprise de beaucoup, Donald Trump est entré à la Maison-Blanche. Comme cela n'avait pas été prévu par la plupart des analystes, ils se sont soudainement rappelé les promesses électorales attrayantes de Trump aux investisseurs, telles que des réductions d'impôts généreuses et toutes sortes de déréglementation. Les résultats de l'élection ont été suivis d'un véritable « ralliement à Trump» dans les actions américaines.

Les guerres peuvent également servir de catalyseur. Comme le marché boursier anticipe les événements à venir, il réagit souvent ou exagérément dans le cadre de l'événement. C'était le cas durant les semaines précédant la deuxième guerre d'Irak début 2003. Les menaces et le bruit des armes dans les médias ont fait dégringoler les prix. Quand la guerre a commencé, et que les premières bombes sont tombées sur Bagdad, le marché boursier a estimé que la question était réglée et a agi en conséquence, et il a commencé à remonter.

On peut observer ce phénomène encore et encore. Cela s'est même produit à l'approche de la Deuxième Guerre mondiale. Quand la menace de guerre était imminente en 1939, le marché boursier a chuté. Dès que la Deuxième Guerre mondiale a commencé, les actions ont commencé à regrimper. Ce phénomène est décrit par le terme français «**fait accompli**». Ce moment arrive lorsque toutes les nouvelles pertinentes sont prises en compte dans le prix.

Pourquoi est-ce comme ça ? Essentiellement, la spéculation ne peut être basée que sur un événement futur. Donc sur quelque chose qui *pourrait* se produire dans le futur (proche ou éloigné). Par conséquent, un spéculateur averti doit concentrer son attention sur les marchés dans lesquels un événement à venir est prévu, espéré ou même craint. Si toutes les nouvelles ont été prises en compte dans le prix, et que l'on n'en attend aucune autre pour l'instant, qu'est-ce qui pourrait encore faire bouger les prix ? Et, naturellement, plus l'événement est dramatique ou susceptible de l'être, plus le prix sera exagéré, jusqu'à ce que le marché capitule complètement (en chute comme lors de la crise financière de 2008) ou grimpe en flèche sans crier gare (voir le Bitcoin 2017). Il n'est nul besoin d'expliquer qu'il est possible de se faire beaucoup d'argent sur de tels marchés.

Les événements n'ont pas toujours besoin d'être si dramatiques. Si les investisseurs s'attendent à ce qu'une compagnie fournisse d'excellents résultats trimestriels, ils achèteront les actions de la compagnie à l'avance. Généralement, c'est une excellente opportunité pour une spéculation qui dure quelques semaines. Cette méthode fonctionne particulièrement bien avec les leaders actuels du marché (c.-à-d. Apple, Alphabet, Facebook et Amazon en 2019). Le spéculateur devrait clôturer sa position la veille de la publication des chiffres trimestriels. Assez souvent, les investisseurs vendront les actions le jour de la publication, même si les résultats répondent aux espérances des investisseurs ou pour cette même raison. Fait accompli !

Naturellement, l'inverse se produit également. Si les investisseurs redoutent les chiffres, ils vendent les actions avant leur sortie. Si les chiffres sont meilleurs (ou moins dramatiques) que prévus, ces nouvelles doivent être prises en compte dans le prix. Souvent les actions alors sursautent et grimpent pendant quelques jours. Ce type d'événement est un peu moins adapté à la méthode mentionnée ici. Mais cela peut être une bonne occasion pour les traders orientés vers le court terme.

Le phénomène s'observe également en ce qui concerne les annonces des banques centrales. Si un patron de banque centrale annonce qu'il va augmenter les taux, et que cet événement est largement prévu par les spéculateurs, une hausse de plusieurs semaines commencera souvent, bien que les hausses de taux d'intérêt soient généralement négatives pour les actions. Ici également : fait accompli. Si tout le monde sait que la banque centrale va augmenter ses taux d'intérêt, alors ces nouvelles négatives (pour les actions) sont déjà prises en compte dans le prix. Ainsi les cours des actions peuvent remonter. Comme vous voyez, le marché boursier a sa propre logique, que vous devez étudier si vous voulez réussir.

Pourquoi le taux d'intérêt est-il si important pour le marché boursier? L'augmentation des taux d'intérêt affecte la croissance monétaire. Et le facteur argent est l'oxygène qui maintient le marché boursier en vie. Quand les grandes banques centrales du monde ont coupé leurs taux d'intérêt principaux à presque à 0% à la suite de la crise financière, l'argent est devenu bon marché et a cherché des moyens d'être investi. Par conséquent, dans les années qui ont suivi cette mesure, les gens ont construit des maisons comme des fous avec cet argent bon marché, et beaucoup d'argent a été investi dans les actions, parce qu'avec les dividendes, vous pouviez au moins faire un petit profit.

Chapitre 10 :
Apprendre de ses erreurs

Après ma spéculation sur l'argent, j'ai voulu répéter mon coup. Je serai honnête. Depuis ce succès, j'ai commis plusieurs erreurs, que je ne veux pas vous cacher. J'en parle ici, pour que le lecteur puisse en tirer des leçons, et ne pas les répéter. Je n'ai pas honte d'avoir commis ces erreurs, bien que je les regrette aujourd'hui. Mais, j'espère que ce regret sera le moteur qui me permettra de rester du bon côté quand la prochaine occasion surviendra. Bien que les événements (crise financière de 2008) se soient produits il y a plus de 10 ans, il est toujours intéressant de s'en souvenir. L'ambiance était alors si morose que j'ai présumé que chaque correction de l'or et de l'argent représentait une occasion d'acheter. Loin de là! Après que l'argent ait atteint un pic en mars 2008, il ne cessa pas de dégringoler durant le reste de l'année. Je n'ai pas cessé d'acheter de l'argent et j'ai dû clôturer mes positions à perte chaque fois. Éventuellement, au bout d'un moment je n'ai plus osé acheter de l'argent. Et puis l'inévitable s'est produit. L'argent a touché le fond à 9 $ fin 2008, puis il a commencé à se relever en décembre. J'étais si contrarié par mes pertes que je n'aie pas osé acheter. Erreur fatale, comme je m'en suis rendu compte plus tard, parce que décembre 2008 fut le signal de départ d'un des plus grands marchés à la hausse sur l'argent jamais survenu. L'argent a grimpé en passant de pas tout à fait 10 $ à 50 $ en seulement deux ans, il a plus que quintupler! Bien que j'aie spéculé sur l'argent pendant cette période, je n'ai jamais vraiment pu tirer parti de cette méga-tendance. Et tout cela, même si j'ai pu faire une bonne affaire avec le mouvement à la hausse en 2007-2008. Mais, le mouvement de l'argent qui a suivi était dix fois plus important. Vous pouvez imaginer ce que j'aurais pu gagner sur un tel marché.

image 10 : Argent, Graphique mensuel 2006 - 2019

Comme si ce n'était pas suffisant, j'ai essayé de jouer long sur l'argent après qu'il se soit arrêté de grimper en avril 2011. Vous pouvez clairement mesurer sur le graphique à quel point j'ai réussi. Dire que j'étais un peu en retard dans ma spéculation sur l'argent serait un euphémisme. J'étais tellement obsédé par l'argent que je n'ai rien vu d'autre. J'ai pensé que tous les marchés financiers connaissaient une sorte de crise permanente après la soi-disant crise financière de 2008, et que cela valait le coup d'investir sur l'or et l'argent. Tant s'en faut ! La hausse sur le marché de l'argent était bel et bien terminée, et la seule chose à faire aurait été de prendre une position courte. Mais je ne pouvais pas penser si loin à l'époque. J'étais obsédé par la «crise» - ainsi, j'ai joué long l'or et l'argent! Quelle erreur!

La leçon que j'en ai tirée semble simple. Si vous avez connu un grand succès sur un marché, il vaut mieux ne pas spéculer sur ce marché de nouveau, quoi qu'il arrive. En règle générale, vous prendrez une mauvaise position la seconde fois, et perdrez de l'argent. La raison en est très simple. Vous êtes trop dépendant, émotionnellement parlant, de ce marché. Il vous a été favorable et vous a procuré des gains décents. À ce moment-là, d'après mon expérience, la chose la plus dangereuse est d'y entrer à nouveau. Il vaut mieux chercher une opportunité sur un autre marché.

Image 11 : Dow Jones 2007-2019, graphique mensuel

Comme si cette erreur d'amateur n'était pas suffisante, j'ai tenté ma chance sur les indices boursiers dans les mois qui ont suivi. Ils avaient bien récupéré après le crash de 2008. En 2011, le Dow Jones avait presque compensé les pertes de la crise financière. Les indices boursiers avaient progressé pendant deux ans. Influencé par la crise de l'euro (qui était également la raison de la forte hausse de l'or et l'argent), j'étais toujours en «mode crise». Je n'ai pas joué long sur les indices boursiers… J'ai joué court. J'ai pensé que ce rétablissement serait une erreur. En attendant, les banques centrales avaient baissé leurs taux d'intérêt à zéro. Ainsi j'aurais dû savoir que les investisseurs ne pouvaient pas profiter des obligations d'État.

Quand il n'y a pas de capital lié à un revenu fixe, cela signifie habituellement qu'il faudra chercher d'autres actifs qui procureront un minimum de rendement. Et quoi de plus évident que d'acheter des actions et d'engranger des dividendes. Et c'est ce qui s'est produit. Nous étions sur ce marché en hausse depuis mars 2009. (En date du mois de mai 2019). Les graphiques le montrent également sans équivoque, particulièrement les graphiques des indices des actions américaines. Mais au lieu de jouer long et de n'acheter que la tendance pour gagner de l'argent sérieusement, j'ai joué court ! Quelle erreur !

Je vous dis ceci, parce que ces bêtises sont courantes. Il est parfois difficile de faire ce qui est évident. De 2009 à 2019, nous avons connu un des plus grands marchés à la hausse sur les actions de l'histoire. Ainsi nous avons pu jouer long pendant 10 ans et gagner de l'argent. Au fil des ans, d'innombrables prophètes du crash ont appelé à la fin de ce marché haussier. « Ce n'est pas possible ! Tout est acheté à crédit ! C'est un accord des banques centrales qui ne tient pas la route ! » Vous pouvez élargir à l'infini la liste des raisons pour lesquelles vous ne devriez pas acheter d'actions pendant cette période.

Jesse Livermore avait une bonne raison de se boucher les oreilles par tous les moyens possibles, surtout face aux analystes – à tous leurs conseils et aux gens qui pensent tout savoir. Personne ne sait rien. Il faut être clair là-dessus. Comme Livermore, je vous conseille de n'écouter personne et de ne pas perdre votre temps avec d'interminables analyses et opinions. C'est difficile. Je n'ai pas suivi mon propre conseil, et cela m'a coûté beaucoup d'argent. Croyez ce que vous voyez, et non les avis d'autres. Il vaut mieux observer le développement des graphiques à long terme. Si un indice boursier est à la hausse depuis deux ans, et qu'il continue de grimper, y a-t-il une raison de jouer court ?

Chapitre 11 :

Succès avec le coton

Je n'ai pas pu tirer profit du marché à la hausse sur l'argent en 2011, mais j'ai réussi une autre spéculation, qui correspondait mieux à mon naturel sceptique. En voici l'histoire.

Une amie à moi, qui habitait Berlin à ce moment-là, avait une petite compagnie de textile, avec son usine de production dans une petite ville de l'état fédéral de Brandebourg, à l'est de l'Allemagne. Ce seul fait m'a stupéfié, parce que, en 2010, il n'existait pas beaucoup d'usines de textile qui pouvaient produire dans les anciennes régions de l'Allemagne de l'Est avec leur niveau de chômage élevé. On se serait plutôt attendu à ce que les sites de production soient dans des pays comme le Bangladesh. L'entreprise de mon amie produisait des textiles industriels, la plupart du temps des vêtements de travail pour les hôpitaux. C'était une niche dans laquelle elle était parvenue à s'installer au cours des années, avec l'aide d'une équipe solide. Je l'ai vraiment admiré pour sa réussite. Embaucher des gens pour fabriquer du textile dans un contexte économique difficile. Chapeau bas !

Nous avons pris un café, et je me rappelle que nous avons évoqué son entreprise de temps à autre. Fin 2010, elle m'a appelé, me demandant si j'avais du temps pour discuter. Elle savait que j'étais impliqué sur le marché boursier. Elle semblait agitée au téléphone. Quand je l'ai rencontrée le lendemain, elle semblait très inquiète. Au départ, je pensais que son entreprise manquait de clients, et qu'elle devait licencier des employés. Cela s'était produit par le passé. Il s'avéra, cependant, que son souci était tout autre. « J›ai plusieurs commandes, dit-elle, mais je ne peux pas livrer. »

— Pourquoi? Demandai-je. Normalement, vous livrez toujours ponctuellement.

— Oui, répondit-elle. Ce n'est pas le problème. Je ne peux obtenir aucun coton. Nous attendons désespérément une livraison, mais elle est ne vient pas et nous ne pouvons pas produire.

— Aucun coton? Dis-je. Comment est-ce possible ? Le coton est aussi abondant que le sable sur la plage. »

Je le pensais.

Elle reprit son visage inquiet, puis commença à m'expliquer ce qui se passait sur le marché du coton. Apparemment, il y avait une grande pénurie de coton. Apparemment ! Quand elle commença à m'expliquer la situation, je reçus une petite leçon sur le monde des matières premières. Partout dans le monde, le coton est récolté à différentes saisons. Ensuite, il est traité et transporté dans les filatures. Cette année-là, les récoltes avaient été médiocres dans le pays producteur principal, le Pakistan. La demande avait augmenté régulièrement au cours des années précédentes. En particulier, la Chine, avec sa forte économie, était avide de toutes sortes de produits de base, y compris de coton. En outre, il y avait des restrictions à l'exportation et, comme si cela ne suffisait pas, les producteurs pakistanais et indiens avaient commencé à amasser leurs stocks, en raison de la hausse constante des prix. « Ils ne livrent tout simplement plus le coton, déclara mon amie sur un ton désespéré. Ils préfèrent remplir leurs entrepôts, dans l'espoir que les prix augmentent encore. La situation est désespérée. »

En fait, le prix du coton sur l'Intercontinental Exchange à New York avait augmenté de plus de 160% en un an. Au moment où mon amie m'a informé du problème, le prix d'une livre de coton s'élevait à 1,68 $. Quand j'ai regardé le graphique à la maison, son problème m'est apparu clairement. Au cours des années précédentes, le prix avait fluctué entre 0,40 $ et 0,80 $ la livre. Il n'y avait aucun problème pour obtenir du coton à cette époque. En fait, il y avait toujours assez de coton, mais la demande exceptionnelle de la Chine et la faible récolte avait fait grimper les prix. C'était une situation inouïe. Lorsque les producteurs ont commencé à accumuler des réserves, il ne semblait pas y avoir de coton disponible. Il s'agissait bien entendu d'une pénurie provoquée artificiellement, mais elle a amené de petites entreprises textiles, comme celle de mon amie, au bord de la faillite.

Pour un spéculateur, une telle information vaut son pesant d'or. Je pouvais lire le sérieux de la situation (et l'exagération totale du prix) dans les yeux de mon amie. Son désespoir m'a permis de tout comprendre. Elle avait des commandes. Le client attendait ses vêtements de travail, mais elle ne pouvait ni produire, ni même livrer, car elle ne pouvait plus obtenir de coton, bien que les entrepôts des producteurs en Inde et au Pakistan soient saturés. Cette information m'a été servie sur un plateau.

Image 12 : Coton, 2005-2019, graphique mensuel

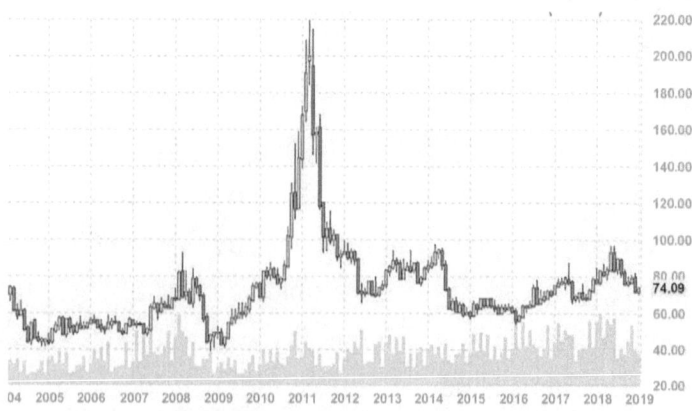

Je n'avais jamais eu affaire au marché du coton auparavant. Alors que je commençais à étudier le graphique des contrats à terme pour le coton au cours des dernières semaines de 2010, je me rendis compte que j'arrivais trop tard. Le graphique avait déjà dessiné une courbe parabolique. Entrer dans la dernière phase d'un marché à la hausse ne m'a pas semblé souhaitable. Étant donné que j'étais plus baissier à l'époque de toute façon, j'ai décidé de continuer à surveiller l'évolution du coton et finalement de jouer court.

En janvier 2011, le prix du coton a finalement dépassé les 2,00 $ pour atteindre un sommet de 2,25 $ en février. J'observais l'évolution tous les jours pour discerner des signes de faiblesse. Quand j'ai réalisé qu'un prix supérieur à 2,00 $ n'était pas viable, j'ai joué court avec une première position, à un peu moins de 2,00 $. La position s'est avérée immédiatement rentable et n'a jamais été en danger. Encouragé par cette confirmation, j'ai ouvert d'autres positions courtes, qui ont également été bénéficiaires relativement rapidement. La volatilité était extrême et le PL (profit-loss) de ma plateforme a changé en ma faveur ou ma défaveur, plus vite que vous ne pouvez l'imaginer. Ce n'est pas pour les fillettes !

Sans surprise, en raison du «sentiment», la première information à la baisse pour le coton est arrivée. Au lieu de la demande attendue de 120 millions de tonnes pour 2011, les prévisions ont été révisées à la baisse. Seulement 113 millions de tonnes étaient attendues. La demande a commencé à ralentir, principalement en provenance de Chine. Comme si cela ne suffisait pas, les premiers rapports de très bonnes récoltes sont arrivés. L'Inde s'attendait à une augmentation de la production de 255 000 tonnes. Des informations similaires sont venues d'Afrique de l'Ouest, de Turquie et de Grèce. Bien sûr, c'était une nouvelle qui ne donnait pas vraiment des ailes au prix du coton, pour ainsi dire. Au contraire. Bien qu'une correction technique ait eu lieu en avril, je suis resté court et j'ai même élargi ma position. Mon hypothèse selon laquelle le mouvement haussier de 2010 serait complètement corrigé s'est confirmée. En juin, le prix a finalement atteint le niveau de 1,00 $. Le prix avait été plus que divisé par deux. J'ai commencé, au fur et à mesure, à racheter les contrats pour clôturer ma position. De nouveau, c'était un scénario incroyable, mais je suis parvenu à réaliser des gains décents avec le crash du coton. Je n'avais jamais pu spéculer une telle tendance à la baisse et en ressortir satisfait, bien que mon enthousiasme ait été légèrement tempéré par mes mauvais investissements précédents sur les indices boursiers.

J'ai appelé mon amie et lui ai demandé comment les choses allaient. «Tout va très bien!», dit-elle, le coton était de nouveau facilement disponible et son entreprise pouvait produire et livrer à temps.

Bien que ma position courte sur le coton soit peu susceptible d'avoir eu une quelconque influence sur le prix, j'ai modestement contribué à faire baisser le prix. Cela a corrigé la bulle, qui était finalement le résultat d'un manque artificiel. Cette fois, les vrais mauvais spéculateurs n'étaient certainement pas les vendeurs à découvert, mais clairement les producteurs avides, qui avaient amassé de plus en plus de coton, à cause de la hausse des prix, alimentant cette hausse. La crise du coton de 2010-2011 représentait vraiment un danger pour la survie de l'entreprise de mon amie. Naturellement, vous ne pouvez pas considérer son rapport comme une information d'initié sur un marché particulier. Elle était trop impuissante à ce moment-là. Mais l'histoire m'a enseigné que de telles crises contiennent des informations précieuses, des informations particulièrement vives sur le plan émotionnel qui peuvent offrir l'occasion de spéculer avec succès. Cela vaut la peine de regarder le monde avec les yeux et les oreilles grands ouverts.

Chapitre 12:
Ma spéculation sur le rouble

Il est clair pour tous les traders que le prix du pétrole est un facteur important sur la scène mondiale. Il est donc essentiel que vous gardiez un œil dessus, ainsi que sur d'autres indicateurs importants, tels que le dollar ou la courbe de rendement des obligations d'État américaines. Chaque fois que le capital est prélevé quelque part, et circule ailleurs, c'est souvent parce que quelque chose d'important se produit dans un de ces indicateurs.

Image 13 : Prix du pétrole, graphique mensuel 2003-2019

Entre 2007 et 2008, le prix du pétrole a connu une hausse spectaculaire (excellente occasion de s'enrichir en fait). Après avoir grimpé jusqu'à 140 $ le baril, le prix a plongé au-dessous de 40 $ le baril après la crise financière. C'était un crash sans précédent qui n'a duré que six mois (encore une excellente occasion de s'enrichir avec des positions courtes). Entre 2009 et 2014, le prix du pétrole s'est redressé et a atteint un prix de 100 $. Alors tout s'est calmé. Le pétrole a semblé se stabiliser à ce niveau. Techniquement parlant, il a formé un triangle symétrique étendu. Si vous me demandez ce que j'en pense, je dirais que ce n'est pas un motif technique très fiable. Il y a eu quelques tentatives pour s'échapper en amont qui ont échoué. J'étais déjà à l'affût, parce que je supposais que le pétrole finirait par s'échapper pour atteindre les sommets de 2008. Cependant, cela ne s'est pas produit, et le prix a continué à déraper autour de 100 $ durant les deux premiers trimestres de 2014.

Et comme cela arrive si souvent sur le marché boursier, quand les espoirs des acteurs du marché (y compris les miens) ne se réalisent pas : l'inverse se produit. Le pétrole a rompu avec cette tendance à la baisse pendant l'été 2014. Le crash n'était pas aussi spectaculaire qu'en 2008. Mais malgré tout, un glissement de 100 $ à 27 $ était pas mal… Cela représente une perte de valeur de 73 % !

Je dois admettre que j'ai été complètement surpris par ce crash. De nouveau, j'avais été trompé par mes attentes. Il fallait que le prix du pétrole grimpe, parce que le «monde» avait besoin de plus de pétrole et l'approvisionnement devenait de plus en plus rare (selon moi). Je pouvais juste observer le prix du pétrole chuter jour après jour. C'est ce à quoi vous êtes confronté quand vous avez certaines attentes, et que l'inverse se produit. Vous pouvez seulement rester sur la ligne de touche et regarder. Mais cela a empiré. Je n'y suis pas entré (même avec une petite position test), parce que j'ai estimé que c'était une fausse sortie. Je m'attendais à ce que les spéculateurs fassent soudain un virage à 180°. En fin de compte, cela ne s'est pas produit. C'était une vraie breakout, et le prix du pétrole a continué à chuter.

Naturellement, les analystes sont arrivés avec leurs explications. Il y avait plus de pétrole qu'on ne le pensait ! Comme c'est intéressant ! Comme si ce pétrole n'avait pas existé en 2012 et 2013, quand le pétrole était stable, autour de 100 $ le baril. La deuxième explication semblait également évidente. Cette fois les Américains, plus spécifiquement l'emballement du pétrole de schiste, avaient entraîné un effondrement des prix. En seulement quelques années, les États-Unis étaient devenus le premier producteur de pétrole dans le monde, réduisant leur dépendance à l'égard de l'Arabie Saoudite. Tout ceci semblait retenir l'attention des spéculateurs en juillet 2014, bien qu'ils ne se soient pas souciés de ce que les Américains faisaient en mai et juin. Vous voyez, les analystes ont toujours leurs modèles explicatifs prêts. Mais ils ne les sortent pas du tiroir tant que le marché ne commence pas à confirmer leurs hypothèses.

Durant cet automne 2014, j'ai réfléchi à la façon dont je pourrais tirer parti de ce mouvement. L'occasion s'est présentée, mais de façon très différente de celle que j'avais prévue. J'aurais dû savoir, mais ce n'est qu'à la première nouvelle, que j'ai appris que le rouble russe était en difficulté.

Qu'est-ce que le rouble a à voir avec le pétrole ? Pas mal de choses. Le pétrole et le gaz naturel représentent les 2/3 des exportations russes, et le prix du gaz est la plupart du temps axé sur le prix du pétrole. La moitié des impôts russes proviennent de ces sources d'énergie.

Il y a aussi d'autres pays dépendent fortement des prix du pétrole, le Canada, par exemple. Et en effet, le dollar canadien a également dérapé à l'automne 2014, contre la plupart des autres devises, notamment le dollar. Une position longue dans l'USD/CAD a semblé une conséquence logique (dollar américain long, dollar canadien court).

Mais pour une raison quelconque, j'étais plus intéressé par le rouble russe. C'était une devise sur laquelle je n'avais pas encore spéculé. Elle ne fait pas partie de ce que vous pouvez appeler les instruments de trading traditionnels, essentiellement parce que l'écart sur les marchés au comptant est beaucoup trop élevé. Le rouble s'était en effet déprécié contre le dollar en septembre et octobre.

Image 14 : USD/RUB, graphique quotidien, septembre-décembre 2014

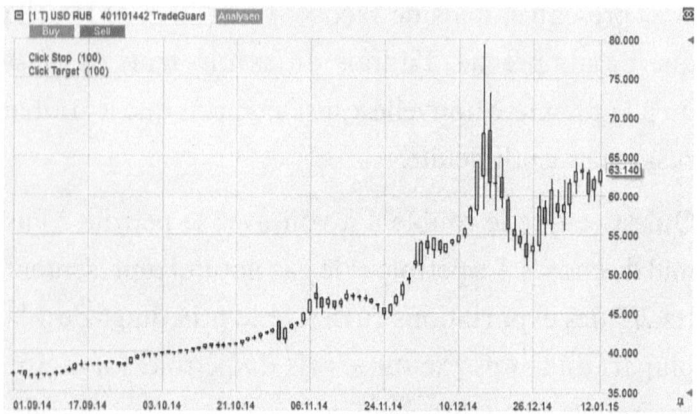

La paire USD/RUB a grimpé de 35.00 à 42.00-43.00 en septembre-octobre 2014 (dans le cas du taux de change dollar/rouble russe, la hausse des prix signifiait que le dollar américain s'appréciait et le rouble se dépréciait). Il y avait eu une tendance à la hausse. Mais il ne restait aucun signe d'un début de frénésie d'achat (frénésie de vente pour le rouble). Cependant, cela a changé début novembre, alors que la volatilité augmentait de manière significative et que l'USD/RUB atteignait soudainement 48.00. J'ai acheté ma première position test fin octobre, à 43.00, et j'ai pensé que mon hypothèse que le rouble pouvait continué à se déprécier avait été confirmée.

Bien sûr, il y avait des raisons pour expliquer le crash du rouble. L'Occident avait imposé des sanctions économiques à la Russie, à la suite de la crise de l'Ukraine (Crimée), qui commençaient maintenant à entrer en vigueur. Eh bien, la crise du rouble de 2014 n'était pas la première. La dernière crise du rouble, en 1998, était déjà liée au pétrole, et cette fois-là, le nouveau crash du prix du pétrole durant le dernier trimestre de 2014 semblait avoir accéléré la chute du rouble. Les oligarques russes avaient retiré leur argent de leurs comptes russes pour le placer en dollars, francs suisses ou euros. Quand l'argent intelligent (smart money) s'en va, il accélère la dépréciation de la devise.

Au cours du mois de novembre, j'ai commencé à augmenter ma position, bien que le rouble se soit plus ou moins effondré. J'ai même essuyé quelques pertes, car l'USD/RUB est tombé de nouveau à 45.00 en novembre. Je pensais réduire ma position quand l'USD/RUB a commencé à grimper autour de 50.00, dans les derniers jours de novembre. J'ai recommencé à acheter. Entre temps, le prix du pétrole était tombé au-dessous de 70 $ et se dirigeait vers les 60 $. Au cours des deux premières semaines de décembre, l'USD/RUB a continué à grimper, atteignant 55.00, ce qui m'a incité à pousser plus loin ma position courte sur le rouble. J'avais maintenant de sérieux gains.

Finalement, le 12 décembre, le niveau 55.00 a été atteint et l'USD/RUB a semblé s'orienter vers 60.00, la troisième semaine de décembre. 60 roubles pour un dollar! En Russie, ses files d'attente se sont formées devant les bureaux de change, parce que tout le monde voulait se débarrasser de ses roubles. Les gens ont commencé à dépenser leur argent et ont acheté des devises électroniques, des voitures et des denrées non périssables. Un scénario s'est mis en place, semblable à la situation de 1998, quand les Russes avaient perdu confiance en leur propre devise.

Naturellement, la banque centrale russe est intervenue (les banques centrales sont toujours les acteurs les plus importants en la matière). Le 11 décembre, ils ont relevé le taux d'intérêt principal de 9.50 à 10.50%. Les banquiers centraux sont intervenus, bien qu'aussi récemment qu'en octobre, ils avaient relevé le taux d'intérêt principal de 150 points, en raison d'une hausse prévue des taux d'inflation. Malgré leurs attentes, cette mesure n'a pas pu stopper la chute du rouble. Le marché avait évidemment anticipé un plus grand mouvement des taux d'intérêt. Le rouble tomba encore plus bas. Bien qu'il y ait eu des rumeurs comme quoi la banque centrale était intervenue sur le marché des changes à plusieurs reprises, cela n'a pas enrayé le mouvement à la baisse du rouble.

Après le week-end, la chute du rouble s'est poursuivie. L'USD/RUB a atteint 64.00. La hausse des taux du jeudi précédent n'a eu aucun effet. J'ai continué à acheter et à attendre. Lundi soir, le Président Poutine est finalement intervenu, obligeant la banque centrale à relever le taux principal de 10.5 à 17.00 %. C'était une augmentation énorme du taux d'intérêt. C'était la même mesure qui avait été prise en 1998, pour endiguer la crise du rouble à l'époque. Le mardi après l'intervention de Poutine, la volatilité était devenue incontrôlable. L'USD/RUB balançait entre 60 et 78. En quelques minutes, j'étais des milliers d'euros plus riche ou plus pauvre. Il était clair que le marché avait attendu Poutine pour intervenir. Mais, personne ne savait comment le rouble réagirait. J'ai observé fasciné, car l'USD/RUB a atteint 78.00. J'ai donc réalisé des gains énormes avec ma position. Cependant, pendant la journée, la paire a chuté brusquement et je me suis rendu compte que c'était peut-être l'acte final du drame qui était en train de se jouer. J'ai appris avec le temps que si le graphique devient parabolique et la volatilité incontrôlable, c'est habituellement un signe que nous avons peut-être vu les sommets.

J'ai commencé à vendre, certes pas au meilleur prix. Chacun, naturellement, veut vendre au mieux, bien qu'il doive être clair que c'est impossible. Finalement, personne ne sait quand le pic de ce mouvement sera atteint. J'ai commencé à ajuster systématiquement ma position. Après tout, j'avais fait des gains considérables. J'ai senti que l'intervention radicale de Poutine pourrait constituer un tournant. Le rouble avait déjà dévalué énormément, et la possibilité de sanctions économiques de l'Occident, et l'effondrement du prix du pétrole avaient été pris en compte.

J'ai conservé une partie de la position, au cas où même cette mesure draconienne ne fonctionnerait pas. Cette supposition s'est avérée erronée. Bien que l'USD/RUB se soit relevé au-dessus de 70.00 encore le mercredi, il n'a pas pu maintenir son niveau jeudi et vendredi, donc j'ai clôturé la position.

À ce stade, je sais que certains lecteurs peuvent considérer ce genre de spéculation comme moralement répréhensible. Vous pouvez le voir de l'une ou l'autre façon. Vous pouvez considérer qu'une spéculation contre le rouble est un acte répréhensible au détriment des Russes, ou vous pouvez considérer que la dévaluation du rouble est une correction nécessaire du marché, afin d'obliger les dirigeants russes à prendre des mesures pour reprendre le contrôle de l'inflation galopante. Après tout, une telle dépendance par rapport au pétrole brut n'est pas une base saine pour avoir une économie stable en Russie sur le long terme. Le marché oblige la Russie à reconsidérer cette position. Pour que les choses soient claires, tant que cette dépendance existe, n'importe quelle chute du prix du pétrole mettra le rouble sous pression. La dévaluation du rouble était nécessaire pour l'économie russe, tout comme la baisse du prix du coton avait finalement eu un effet positif sur l'industrie textile (au détriment des producteurs avides qui auraient été heureux de voir des prix du coton encore plus élevés).

Vous pouvez argumenter comme bon vous semble. En tant que spéculateur, ce n'est pas votre rôle de sauver l'économie russe. Il y a toujours deux côtés dans le trading et la spéculation : les acheteurs et les vendeurs, et tant que vous considérez ceci moralement répréhensible, qu'il doit y avoir un vendeur dans chaque transaction, vous n'avez pas compris pourquoi le marché boursier est même nécessaire. Parfois, vous vous tenez de ce côté, et parfois de l'autre. Si vous voulez gagner de l'argent, votre travail est d'être du bon côté. C'est tout !

Chapitre 13 :

Merci aux présidents Erdogan et Trump !

En 2017, j'avais déjà un œil sur la lire turque. Le taux d'inflation en Turquie avait atteint 13%. C'est élevé, mais pas exceptionnel pour « une économie émergente», comme la Turquie. La lire a commencé à se déprécier en 2017, mais tout ceci s'est fait dans une marge raisonnable.

Image 15 : EUR/TRY, février - septembre 2018

À partir de mars 2018, la lire a commencé à se déprécier un peu plus et en avril 2018, quand elle est passée au-dessus les 5 lires/euro, j'ai joué long avec une première position dans la paire de devises EUR/TRY (avec la paire euro-lire turque, les prix en hausse signifient que l'euro s'apprécie et la lire Turque dévalue). J'ai dû être patient. La lire a tourné autour de 5.000 le reste du mois et a même plongé en dessous vers la fin du mois, mettant ma position légèrement dans le rouge. Puisque la perte est demeurée gérable, j'ai conservé la position.

En mai, la dévaluation de la lire s'est accélérée. Dès que le niveau de 5 lires/euro avait été reconquis, j'ai acheté une deuxième position. J'ai été récompensé pour mon courage, car la paire a rapidement grimpé vers 5.500 ce qui m'a rapporté plusieurs milliers d'euros de gains.

Les causes de la dévaluation étaient variées, comme toujours. Probablement, la chose la plus importante pour moi a été la hausse des taux d'intérêt aux États-Unis. Au cours des mois précédents, cela avait entraîné d'importantes sorties de capitaux des «marchés émergents» vers les États-Unis. C'était particulièrement le cas pour des pays comme l'Afrique du Sud, l'Argentine, le Brésil et la Turquie. Lorsque la Fed a commencé à relever ses taux d'intérêt, j'ai compris que cela entraînerait une dévaluation générale des monnaies qui avaient jusqu'alors vécu de la politique des taux d'intérêt bas des États-Unis. Par-dessous tout, l'économie turque a profité de ces entrées de capitaux. Le déficit de la balance courante de la

Turquie était (et est) particulièrement important. En bref, cela signifie que la reprise de l'économie turque au cours des années précédentes s'est largement faite sur le crédit.

Un autre accélérateur a été le refus de la banque centrale turque de relever les taux d'intérêt, instrument de politique monétaire habituel pour lutter contre l'inflation et la dévaluation de sa propre monnaie. Ce refus n'était pas volontaire, mais dû aux pressions du président Erdogan. Normalement, la banque centrale aurait dû agir indépendamment de la politique (il ne faut pas supposer que tout homme politique qui devient président comprend aussi la politique monétaire). Dans le cas de la Turquie, la banque centrale était considérée comme indépendante, ce qui s'est avéré faux *de facto* après la victoire électorale d'Erdogan. Erdogan a déclaré publiquement que les taux d'intérêt qu'il n'avait pas fixés étaient les «pères et mères de tous les maux». Comme le lecteur le sait peut-être, les opérations bancaires basées sur les intérêts sont interdites par l'Islam.

La dévaluation de la lire s'étant encore accélérée en mai 2018, la banque centrale n'a pu empêcher une nouvelle baisse en relevant son taux de base de 300 points de base, passant de 13,5% à 16,5%. Bien que cela ait entraîné une reprise temporaire de la lire, la monnaie a continué à s'échanger au-dessus de 5 lires par euro. Dans les jours qui ont suivi la hausse des taux d'intérêt, ma position a souffert, mais elle n'a jamais été vraiment en danger. Bien entendu, je m'attendais à une intervention de la banque centrale turque, en dépit de la rhétorique d'Erdogan. Une nette augmentation des taux d'intérêt était un signal pour les marchés (et pour moi). Cependant, la lire ne s'est pas sensiblement redressée. Erdogan a annoncé sa volonté d'avancer les élections présidentielles et législatives en juin 2018.

Le 7 juin, la Banque centrale turque a annoncé qu'elle augmenterait à nouveau ses taux, de 125 points de base. Bien que cela ait entraîné des gains pour la lire, cela n'a en aucune manière impressionné le marché. Le 14 juin, Erdogan a renforcé sa rhétorique contre «les marchés financiers» en menaçant d'agir contre l'agence de notation Moody's après les élections. Il s'agit bien entendu d'une déclaration ridicule, sans importance, à laquelle la lire a réagi par une nouvelle dévaluation d'un bon de 1 000 pips.

Lorsque l'AKP d'Erdogan a finalement remporté les élections et qu'Erdogan a disposé d'une nette majorité au parlement, la lire n'a pas récupéré non plus. Au contraire. Lorsqu'il a annoncé avec audace que les taux d'intérêt baisseraient bientôt en Turquie, la dévaluation de la lire a commencé à s'accélérer d'autant plus.

Bien que l'EUR / TRY ait continué à déraper en juin et début juillet, il était stable au-dessus de 5.500 à partir de la mi-juillet, ce qui m'a encouragé à acheter davantage de positions. D'une manière ou d'une autre, je savais que j'étais sur le bon chemin. Il devenait de plus en plus clair que c'était Erdogan lui-même qui allait enterrer sa propre monnaie. Je n'aurais pas pu choisir un meilleur allié que le président turc pour mes spéculations contre la lire.

Et cela s'est poursuivi. Le 9 juillet, il a nommé son gendre au poste de ministre du nouveau ministère des Finances. Erdogan s'est arrogé, par décret présidentiel, le droit de nommer le gouverneur de la Banque centrale. Ce faisant, il a définitivement supprimé l'indépendance de la Banque centrale, ce qui était déjà le cas *de facto*. Je suis devenu de plus en plus conscient du fait qu'à Ankara, certaines personnes commençaient réellement à paniquer. Plus Erdogan déterminait le cours de la politique monétaire, plus il sapait la maigre stabilité restante de sa monnaie.

Le 24 juillet, la banque centrale turque a annoncé que, malgré une nouvelle hausse de l'inflation, les taux d'intérêt resteraient à 17,75%. Cela a conduit à une nouvelle liquidation de la lire, aussi bien que sur le marché boursier turc.

Tout s'est déroulé comme prévu, même s'il nous manquait encore un catalyseur, pour pousser l'EUR

/ TRY à la hausse. J'ai senti que ça viendrait, je ne savais pas d'où. Et je n'aurais pas pu deviner que ce serait le président Trump, qui ferait vraiment le lit de mes spéculations contre la lire.

Plus précisément, ce ne fut pas Trump lui-même, mais un pasteur américain de l'Église évangélique presbytérienne, nommé Andrew Brunson, qui m'apporterait finalement un gain considérable! Brunson avait déménagé en Turquie en 1993 et fondé une petite église de la Résurrection à Izmir. Lorsqu'il voulut renouveler son visa en 2016, il fut arrêté. Il était accusé d'espionnage et de soutien au PKK interdit en Turquie. En 2017, les États-Unis demandèrent la libération du pasteur. L'offre d'Erdogan était un échange. Il relâcherait Brunson si les États-Unis rendaient à la Turquie, Fethullah Gülen. Gülen vivait en exil aux États-Unis et les Turcs le soupçonnaient d'être responsable de la tentative du coup d'État du 15 juillet 2016.

Le bras de fer entre les deux pays, entourant le pasteur américain, a créé une tension entre les deux pays, qui a finalement débouché sur un véritable conflit diplomatique. Le 9 août, Erdogan a prononcé un discours proclamant: « S'ils ont leur argent, nous avons notre peuple, notre justice et notre Dieu ». Il ruina ainsi tout espoir de réforme économique et de politique monétaire qui rende justice aux faits. La réaction du marché fut claire. La lire se déprécia à nouveau et l'EUR / TRY atteignit 6,15.

En regardant le graphique qui était devenu parabolique au cours des dernières heures et avait propulsé les gains de ma position dans une fourchette à six chiffres, j'ai senti que la fin était proche. Personne ne sait par avance où sera le pic, comme personne ne peut prédire le pire. Lorsque l'EUR/TRY a finalement grimpé comme une fusée le 10 août, atteignant un incroyable 7,83, j'ai commencé à ajuster ma position au soir du 10 août, ignorant que nous étions en train d'atteindre les sommets de l'EUR/TRY pour ce moment . Bien sûr, je n'ai pas réussi à vendre au plus haut niveau à nouveau. J'ai pu me débarrasser de certains contrats à un prix fantastique de 7,50, d'autres à un prix légèrement inférieur. C'était un gain fabuleux. Bien que l'EUR / TRY ait dépassé les 8.00 le lendemain, je ne pouvais que le regarder faire. J'étais complètement en dehors. Quand l'EUR/TRY est tombé en dessous de 6,50 dans les jours qui ont suivi, j'étais plutôt satisfait. J'aurais peut-être dû envoyer des cartes de remerciement aux présidents Erdogan et Trump. Parce que c'est leur jeu qui m'a permis de réaliser cet énorme gain.

Chapitre 14 :

Spéculer avec des actions

Une question importante qui se pose à présent est de savoir si cette méthode fonctionne aussi bien avec les actions. La réponse est claire : oui. Il existe de nombreux exemples de traders qui sont devenus riches en achetant un titre précis et en élargissant systématiquement leur position lorsque le cours du titre s'est développé en leur faveur.

Vous n'avez pas besoin d'entrer au début du mouvement. Bien sûr, chacun d'entre nous aimerait avoir acheté Apple en 1998, puis l'avoir conservé jusqu'en 2019. La probabilité que vous y arriviez est infiniment petite. En outre, la question ici n'est pas de savoir comment devenir riche progressivement, mais comment faire croitre un petit compte rapidement. Vous pouvez le faire si vous spéculez sur Apple, Amazon ou Facebook pendant quelques mois.

Je dirais même que c'est une excellente méthode. Alors, ne cherchez pas un titre obscur du Kazakhstan pour le faire. Tenez-vous-en aux leaders actuels du marché, car vous pourrez alors négocier avec les fonds importants qui font exactement la même chose que vous. La probabilité que la tendance se modifie ici est beaucoup plus faible, à moins que la perception d'une entreprise par les acteurs du marché change brusquement, ce qui n'arrive généralement pas rapidement avec les entreprises disposant d'un bon modèle commercial.

Image 16 : Amazon, graphique hebdomadaire août 2017- septembre 2018

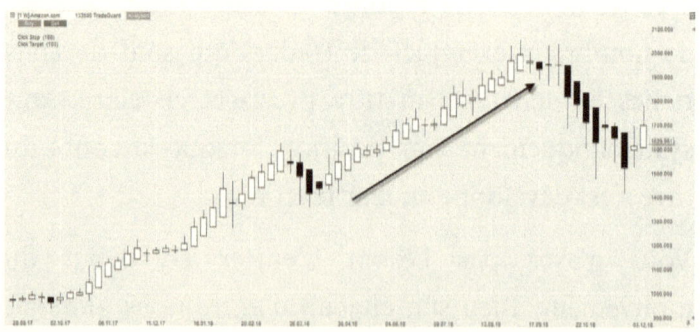

Si, par exemple, à la fin du mois d'avril 2018, après une correction mineure, vous avez introduit Amazon au prix de 1 500 $ et tenu jusqu'en septembre, date à laquelle Amazon a finalement atteint 2 000 $ (flèche sur le graphique), ce gain de 500 $ aurait été suffisant pour faire une petite fortune. De plus, vous avez eu quatre mois pour étendre progressivement votre position et négocier avec l'argent du marché.

Pour mieux visualiser les tendances des grands leaders du marché, j'aime bien utiliser le graphique Heikin

Ashi, en particulier le graphique hebdomadaire. Comme vous pouvez le constater à partir de l'exemple de l'action Amazon, il n'y a eu pratiquement aucune correction technique lors de ce mouvement de 1500 $ à 2000 $. C'est typique des actions qui sont très suivies. Par conséquent, c'est exactement sur ces actions que vous devez spéculer, si vous voulez mettre en application la stratégie que je propose dans ce livre. C'est là où sont les meilleures chances de succès. Sur le graphique, vous pouvez voir comment les big funds spéculent sur les actions. Chaque jour de perte minimale est une invitation à acheter des actions. Sur une base hebdomadaire, vous le remarquez à peine. Le graphique Heikin Ashi vous aide à rester dans la position, même si cela s'oriente dans l'autre direction pendant quelques jours.

Image 17 : Apple, graphique hebdomadaire, juillet 2016-novembre 2017

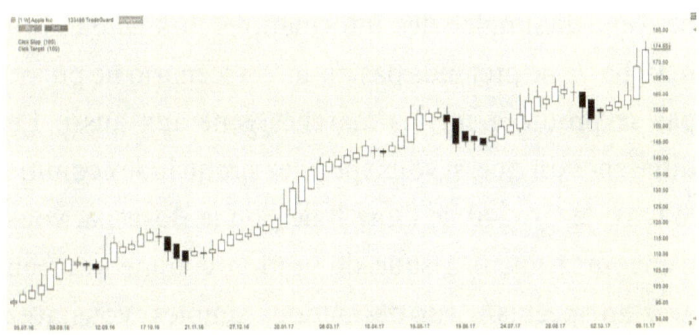

Ce graphique hebdomadaire d'Apple montre clairement pourquoi vous devez spéculer sur les leaders du marché.

La liquidité de ces titres est si grande que la probabilité d'inversion ou de corrections aléatoires est très faible. Si les acteurs du marché impliqués dans une telle phase émettent l'idée de vendre les actions soudainement, ce sera dû à des nouvelles clairement mauvaises de la compagnie ou à des perspectives négatives pour les trimestres à venir. C'est pourquoi il est logique de spéculer sur de telles actions, de la saison de déclaration à la saison suivante. Dans l'intervalle, il peut y avoir des tendances qui durent plusieurs mois. En tant que spéculateur vous pouvez bénéficier de ces tendances. Vous n'avez donc pas besoin d'acheter les actions et de les conserver pendant des années.

Si vous préférez les actions plutôt que les marchés généraux, alors vous devez spéculer sur des actions. Naturellement, vous devez savoir que les actions représentent les titres d'une compagnie, et les compagnies sont dirigées par des personnes qui peuvent dissimuler des informations aux acteurs du marché. Je ne prétends pas qu'un tel scénario ne puisse pas se produire sur les marchés généraux aussi. La différence est que, si vous spéculez sur un index comme le Dax, le CAC40, le Dow Jones, ou le Bovespa, vous n'encourez aucun risque de gestion comme vous en avez en spéculant sur des actions simples. Vous avez toujours le risque du marché, et je ne nie pas qu'un événement tel que le « Flash crash » de 2012 ne puisse pas se reproduire. C'est pourquoi je recommande vous mettiez à l'avance l'argent pour chaque spéculation spécifique, dans les pertes et profits.

Cependant, il me semble que les risques impliqués dans les spéculations sur les marchés généraux tels que les indices boursiers, matières premières ou devises, sont moindres qu'en spéculant sur des actions individuelles.

Il y a une autre raison pour laquelle je préfère spéculer sur des marchés plutôt que des actions, même s'ils peuvent avoir des tendances fortes. Si vous spéculez sur les Alphabets, Apples et Amazons de ce monde, parce qu'ils grimpent, vous ne faites que suivre la tendance essentiellement. Vous suivez la tendance dans l'espoir que cela durera un moment. Maintenant, suivre la tendance est une manière légitime de gagner de l'argent sur le marché boursier. Mais c'est en général une méthode assez lente. Il n'y a rien mal à utiliser l'une ou l'autre, mais comme nous voulons accroître notre petit compte rapidement, nous violons la règle de la rapidité en suivant la tendance.

Vous aurez déduit ceci des exemples de spéculations que j'ai effectuées. Pour la spéculation, je choisis habituellement un marché dans lequel une sorte de crise est en train de se produire. Je préfère les situations dans lesquelles quelque chose atteint un point critique. La raison en est très simple. Ce type de marchés sont enclins à l'excès, et si je suis bien placé, je profite généralement de façon disproportionnée de telles situations.

C'était le cas avec l'argent (crise financière 2008). C'était le cas avec la crise du rouble et la crise de la lire. Dans toutes ces crises, ce qui se produit est que le marché réagit à l'excès. Il est généralement perceptible que le graphique commence à monter en flèche, ou connaît une hausse parabolique (ou commence à chuter dans le cas d'une tendance à la baisse).

Et quand un graphique assume des formes paraboliques, je sais que la fin est proche. Alors le temps est venu de réaliser les gains. Cependant, le facteur principal spécifique de ma méthode est que la grande majorité des profits est réalisée dans les derniers, et souvent dramatiques, jours de la « crise ». Pourquoi ? Parce ce que dans les semaines et mois précédents, j'ai bâti ma position point par point et que je suis pleinement investi au moment où « l'exagération » commence vraiment et où le marché réagit. À ce moment-là, je veux avoir ma plus grande position.

Naturellement, si vous suivez simplement la tendance, vous pouvez également faire de bons profits, mais souvent pas autant que vous pourriez réaliser dans le genre de crises dont je parle ici. C'est pourquoi je privilégie les marchés de crise, parce qu'ils me promettent les plus gros gains possibles.

Ce qui m'amène à la raison la plus importante pour laquelle je préfère cette méthode quand il s'agit de faire grandir rapidement mon compte. Cette méthode est conçue pour les personnes qui ont une mentalité gagnante et qui savent tirer le meilleur des occasions extraordinaires que le marché boursier offre occasionnellement. C'est une attitude qui consiste plus à maximiser les gains qu'à éviter les pertes et le risque. Si vous entrez sur le marché d'échange avec la mentalité de ne pas vouloir perdre, vous perdrez. Mais si vous y allez avec la volonté absolue de gagner, alors vous avez toutes les chances de gagner. Est-ce vraiment si simple ? Oui, bien sûr !

Chapitre 15 :

Spéculez sur ce que vous voyez

En tant que spéculateur, vous devez essayer d'être honnête - au moins avec vous-même. Si j'évoque ici un certain succès, cela ne signifie pas pour autant que je ne doive pas reconnaître mes erreurs. J'ai eu tort plus souvent que je n'ai eu raison. Par exemple, j'ai mentionné que j'ai essayé de faire court le Dax et le Dow Jones plusieurs fois entre 2010 et 2012, même si nous étions clairement sur un marché à la hausse. En fait, je le savais trop bien. En regardant le graphique à long terme, j'avais compris que la longue phase changeante des années 2000-2009 du Dow Jones était terminée.

Et j'avais un bon argument. Si la Fed abaisse ses taux d'intérêt à zéro, comment voulze vous faire de l'argent avec les obligations ? Que fait le gestionnaire d'un fond important dans ce cas-là? Exactement ! Il augmente sa quote-part de capitaux propres, parce que dans les actions ordinaires, il peut au moins avoir un retour sur les dividendes. Je le savais, et je l'ai même proclamé publiquement lors d'une réunion publique pour investisseurs à Bruxelles. Chaque orateur était invité à faire une prévision pour un marché. J'ai montré un graphique à long terme du Dow Jones sur un grand écran. Et je leur ai montré une projection ascendante des prix. Sur la base de mon analyse lors de cette conférence en 2010, j'ai prédit un Dow Jones à 20.000 points (le Dow Jones était à environ 10.000 points en 2010). La moitié de l'assistance m'a regardé avec scepticisme, l'autre moitié a simplement ri. J'ai vu mes « collègues » autour de la table secouer la tête.

Le fait est que je n'ai pas dit cela aux États-Unis, mais en Europe. Aux États-Unis, les traders étaient déjà de retour dans le train haussier depuis un certain temps déjà, alors que les Européens étaient en pleine prétendue crise de l'euro. Les médias en Europe regorgeaient de nouvelles négatives et vous pouviez le sentir dans l'ambiance générale de l'auditoire de cette conférence. Les gens étaient tellement paralysés par la morosité qu'ils ne voyaient pas les opportunités évidentes aux États-Unis. On m'a ri au nez, et personne n'a voulu me parler après la table ronde. Qui perdrait son temps avec un charlatan et un fantaisiste ?

Honnêtement, cela ne m'a pas beaucoup affecté. Ce qui est plus embêtant c'est que je n'ai pas mis mes propres convictions en actes. Au lieu d'être long sur le marché boursier américain, d'établir des positions à long terme sur le plus grand marché à la hausse de l'histoire et de faire une fortune, j'ai joué court. Plusieurs fois…

Comment expliquer ce type de comportement ? Comment peut-on agir contre ses propres convictions ?

Aujourd'hui encore, je n'ai aucune véritable réponse. Je sais que ce qui semble évident est souvent la chose la plus difficile à faire. Nous les humains sommes apparemment conditionnés à préférer le chemin le plus compliqué, parce qu'il nous semble plus logique ou plausible. Acheter simplement des titres quand ils montent, afin de les vendre quelques années plus tard avec des gains élevés, nous semble juste trop simpliste. Mais croyez-moi, la majeure partie de la richesse sur le marché boursier s'est ainsi constituée, avec des personnes qui faisaient ce qui semble évident. Tout comme il était évident pour moi de vendre la lire quand Erdogan a ruiné sa propre devise, et comme il était évident de vendre le rouble russe quand les prix du pétrole ont dégringolé.

Ce qui est évident, cependant, n›a pas beaucoup d'adeptes, comme je l'ai appris lors de la conférence d'investisseurs à Bruxelles. Bien évidemment, je n'ai pas pu les convaincre. Je n'ai pas même cru en ma propre prophétie, autrement je n'aurais pas joué court, à l›opposé de ma conviction.

Dans de tels moments, on devrait se rappeler les paroles de Jesse Livermore, qui a tout fait pour ignorer les avis et les conseils de ses collègues, de sorte qu'ils n'ont pas pu influencer son jugement. S'il était difficile de réaliser cela au début du siècle, c'est presque un acte héroïque de se maintenir en dehors de tout cela à notre époque où tout est connecté.

La plupart des gens cherchent à obtenir la confirmation de leurs actes. Est-ce que je fais la chose juste en ce moment ? Peut-être y a-t-il d'autres personnes qui voient les choses exactement de la même manière que moi. Peut-être pouvons-nous agir ensemble ? En groupe ? Je pense que le lecteur comprendra l'absurdité de cette idée.

Oui, c'est désagréable d'agir à l'inverse d'un groupe entier d'investisseurs dans un hall de conférence - qui se gaussent même de vous. Mais c'est exactement ce que vous devez faire. Et ne cherchez pas forcément des difficultés. Si vous avez une idée ou voyez une occasion quelque part, alors achetez juste une petite position test. Vous saurez ainsi si vous êtes sur le bon marché ou pas. Et n'oubliez pas les paroles du spéculateur hongrois André Kostolany : « Ce ne sont pas les nouvelles qui font le prix, mais le prix qui fait les nouvelles. » S'il y a une crise quelque part, alors vous pouvez supposer qu'à un moment donné, les nouvelles négatives apparaîtront, essayant d'explique tout ça. C'est la même chose pour les nouvelles positives, quand quelque chose commence à grimper de façon dramatique.

Chapitre 16 :

Comment et quand acheter ?

Certains traders se demanderont comment établir progressivement une position sur un marché qui grimpe ou chute dramatiquement. Il n'y a pas de réponse correcte ou incorrecte ici. Si vous avez raison dans votre évaluation, alors votre position ne peut pas être assez grande.

Lorsque nous spéculons, nous avons tendance à sous-estimer le facteur de la taille de la position, bien que ce soit essentiel. À mon avis, le fait que votre taux de réussite soit de 30%, 50% ou même de 70%, ne joue qu'un rôle mineur. Si vous avez raison, la question de la taille de votre position est beaucoup plus importante. Comme je l'ai dit précédemment, je ne pense pas que ce soit un drame de perdre sur vos deux premières tentatives, par exemple, si vous perdez 2.000 € deux fois, et faites 40.000 € sur votre troisième tentative. Dans ce cas, votre taux de succès est un petit 33.33%. Mais votre gain moyen est beaucoup plus élevé que votre perte moyenne. C'est un facteur décisif !

Par conséquent, vous devriez toujours vous tenir au courant de la réaction du marché quand vous commencez à augmenter votre position. Si le marché confirme votre supposition à plusieurs reprises (par exemple, s'il continue à progresser sur une position longue), vous devez continuer à acheter. Si le marché ne le fait pas et qu'il fluctue ou même tombe, il est clair que vous devez plutôt prendre une position défensive d'attente. Après tout, vous ne voulez pas recevoir d'appel de marge de votre courtier.

J'admets que je deviens un acheteur agressif une fois que le marché confirme mon hypothèse et que mes premiers contrats sont bénéficiaires. Je ne saurais trop insister sur cette question. Avec cette méthode, il s'agit vraiment d'apprendre à intervenir massivement, si vous avez raison. Le marché lui-même vous fournit le meilleur retour. J'espère que j'ai clarifié de quoi il s'agit avec les exemples de ce livre. La gestion des risques classique ne s'applique pas ici. Vous calculez vos risques en tâtant d'abord le terrain, puis en intervenant avec une petite position.

Doit-on utiliser des ordres d'achat-stop dès que le marché atteint un certain niveau? Si vous aimez travailler avec des ordres d'achat-stop, alors faites-le comme ça. Le fait est que chaque spéculation est différente et chacune a sa propre dynamique. Parfois, rien ne se produit pendant des semaines, et puis le marché décolle en quelques jours, sans crier gare. Dans de telles situations, bien sûr, vous devriez avoir le courage d'acheter plus de contrats agressivement, en quelques heures.

D'autre part, il y a également le cas d'un marché progressant graduellement pendant des semaines, en escalier. Alors vous avez tout temps d'établir votre position, petit à petit.

Mais ne vous attendez pas à ce qu'il en aille ainsi chaque fois. Généralement, vous devrez vous attendre à des creux, des pics et des renversements, donc selon le nombre de contrats que vous avez déjà achetés, les fluctuations de votre indicateur de profits-pertes peuvent être importantes. C'est un élément inhérent à cette stratégie et vous devez pouvoir l'endurer.

Cette stratégie relève plus de l'art que de la science. Il n'y a aucune règle qui indique que vous deviez acheter un contrat à terme pour chaque nouveau gain de 100 points, si vous êtes long dans le Dow Jones à terme, par exemple. Si vous vous sentez à l'aise avec cette approche, vous devez agir de cette façon. Mais vous devriez savoir que le Dow peut facilement se corriger par 1.000 points en un seul jour (comme en 2019).

Chaque trader est différent et chacun possède sa propre zone de confort. La plupart du temps, j'assume une position attentiste. Au début du mouvement, je tends à acheter quelques contrats. Si le marché continue à monter et confirme ma supposition, je continue à acheter. Dans la dernière phase, si le graphique monte en flèche, j'achète généralement à nouveau agressivement. Comme les exemples l'ont démontré, vous devez savoir que les plus grands gains se réalisent souvent dans cette phase d'exagération.

Par conséquent, il ne peut y avoir aucun algorithme statique pour bâtir des positions sur un marché de tendance. Chaque tendance ou exagération est différente, et tout le travail du trader est de répondre de façon appropriée. Je souhaiterais pouvoir vous proposer un modèle statique sur la manière d'acheter (ou vendre si vous jouez court). Malheureusement, je n'en ai aucun. Naturellement, si vous ne possédez que peu ou pas d'expérience avec cette stratégie, je vous conseille d'adopter une approche plus conservatrice dans un premier temps et n'augmentez pas trop votre position. Mais peut-être cela ne convient pas à votre nature. Peut-être voulez-vous aller jusqu'au bout, comme je l'ai fait avec ma spéculation sur l'argent. Il n'y a aucun inconvénient à le faire. Je ne me rappelle pas exactement combien de contrats j'ai achetés à la fin de cette spéculation. Quelque chose entre 20 et 30, je pense. Vous voyez, ceci n'est pas pour les timorés. Mais ce n'est pas non plus pour des spéculateurs comme Soros et Co. Et d'ailleurs, ni même pour un «investisseur» comme Warren Buffet. Souvenez-vous de sa fameuse position sur Coca-Cola, où il a investi un bon 30% de son capital. Les investisseurs comme Buffet et Soros ne sont pas prudents et ne répartissent pas leurs investissements dans de nombreux capitaux, pour « minimiser les risques. » Ces types ne sont pas devenus riches parce qu'ils étaient prudents et conservateurs. Au contraire. Ils sont devenus riches, parce qu'ils se sont rendu compte que vous devez entrer fort s'il y a une excellente chance. Et quand je dis fort, je veux dire vraiment fort. Vous devenez riche par la concentration. Non par la diversification.

Chapitre 17 :
La spéculation est plus facile que le day trading

Il doit être clair que les méthodes traditionnelles de gestion des risques sont inefficaces pour ce type de spéculation. Etant donné que vous poussez la limite, je vous recommande d'investir une certaine somme d'argent dans chaque spéculation, et de faire une croix dessus. En d'autres termes, vous devez supposer que vous pourriez perdre de l'argent, soit parce que le marché sur lequel vous avez investi ne va pas dans la direction que vous espériez, soit parce que vous arrivez au mauvais moment.

Naturellement, j'essaye de réduire ce risque au minimum en entrant avec une petite position test au début. Cependant, il pourrait se produire qu'un renversement inattendu mette votre position hors du marché, même si elle avait déjà monté considérablement et que tout semblait fonctionner jusque-là. Ce fut le cas avec ma spéculation sur le rouble, où j'ai presque abandonné. La spéculation sur le marché boursier demeure imprévisible et une tendance peut s'inverser complètement, n'importe quand. C'est pourquoi je conseille de prendre des risques calculés et de faire d'entrée une croix sur l'argent.

Essayez de voir les choses ainsi. Est-ce une mauvaise chose si vous perdez 2 .000 € trois fois de suite - soit 6 000 € au total - et gagnez ensuite 30 000 € lors de votre quatrième tentative?

Cela donnerait un excellent résultat avec un gain net de 24 000 €. Si vous utilisez cette méthode, il vous faut voir les choses ainsi. Cela ne convient certainement pas aux frileux. Mais, je n'ai pas écrit ce livre pour eux.

J'affirme également qu'il est beaucoup plus facile de gagner 24 000 € avec quatre spéculations ciblées (dont trois tournent mal), plutôt que d'essayer de gagner autant d'argent en faisant du *day trading*, où vous risquez 100 € ou 200 € à chaque transaction. C'est beaucoup plus difficile, croyez-moi. Cela fait des années que j'essaie.

La méthode de spéculation ciblée avec des instruments à levier est non seulement plus simple, mais aussi beaucoup plus efficace, peu importe ce qu'en disent les day traders.

Cela signifie-t-il que vous ne deviez plus faire du *day trading* et que, désormais, vous devrez essayer de gagner de l'argent avec quelques transactions ciblées? Non, ce n'est pas ce que je veux dire, car il y a certainement des moments où vous pouvez très bien vous débrouiller avec du *day trading* ou du *scalping*. Si vous aimez cela et que vous vous en sortez bien, continuez à le faire. Je souligne simplement qu'il y a des moments où le *day trading* et le *scalping* ne fonctionnent pas très bien. Vous devez donc avoir au moins une méthode alternative. Cela peut-être le type de spéculation ciblée dont je parle ici, ou bien un système de spéculation automatique. Cela n'a aucune importance. Ce qui est important, c'est que vous disposiez d'une alternative lorsque les choses ne vont pas si bien que ça.

Chapitre 18 :

Un compte spécifique pour chaque spéculation

J'ai une dernière recommandation si vous voulez utiliser cette méthode. Ouvrez un nouveau compte auprès d'un autre courtier pour chaque nouvelle spéculation. Oui, vous avez bien lu. Ouvrez un compte spécifique pour chaque spéculation, donc uniquement pour cette spéculation. De nos jours, il n'est pas difficile d'ouvrir un compte chez un courtier en moins d'une heure.

Ainsi, lorsque je compte créer une position sur un marché particulier, je choisis le *bon* courtier, avec qui je peux le mieux réaliser mes objectifs. Il est important pour moi de ne pas avoir déjà effectué d'opération sur ce compte (c.-à-d. aucune opération avec perte). Pourquoi est-ce important pour moi? Sans être superstitieux, je considère chaque nouvelle spéculation comme une sorte de petite entreprise que je crée pour un temps limité, puis que je ferme à nouveau. Et surtout, si ma nouvelle entreprise réussit, je retire la totalité des gains, y compris le capital initial, et je ferme le compte!

Chaque nouveau compte est donc destiné à une transaction spécifique que j'ai l'intention de faire. Et seulement celle-ci. Donc, je n'essaie pas d'utiliser le compte pour d'autres petites transactions secondaires. Au contraire. Je retire l'argent du cycle spéculatif et le place sur un compte courant. De cette façon, le gain est définitivement hors de la zone de risque. Je peux ensuite en faire quelque chose de bien ou l'investir, par exemple, en achetant un appartement que je peux louer, ou bien je peux faire un autre investissement, comme acheter de l'or physique.

Cette mesure drastique va vous discipliner. Vous n'avez qu'une seule chance, pour ainsi dire. Si vous échouez à votre premier essai, sortez, revenez une autre fois et négociez un autre marché. Ne commettez pas mon erreur, d'entrer plusieurs fois sur le même marché. Choisissez autre chose. Parce que si vous vous êtes brûlé les doigts dans un certain marché, vous ne pouvez pas le voir avec un regard neuf. Vous avez pour ainsi dire des préjugés. J'espère que vous pouvez le voir.

On pourrait comprendre cette «méthode d'une seule spéculation par compte» comme une sorte de tactique de guérilla. Vous patientez (longtemps), vous attaquez dans des conditions optimales, puis vous sortez littéralement et effacez vos traces. Vous n'aimez pas cette idée? Essayez et voyez ce que vous ressentez.

Par ailleurs, j'espère que vous n'avez pas négligé le fait *que je patiente longtemps*. Je fais le contraire de ce que font la plupart des traders qui négocient en permanence ou qui ont des positions tout le temps. Désolé, je suis devenu un trader assez minimaliste. Quand les gens me demandent ce que je fais, d'habitude ma réponse est : « rien ». Et c'est généralement le cas. La plupart du temps, je ne fais rien. Cela signifie que je me garde de trop disperser ma concentration sur des transactions sous-optimales qui ne font pas vraiment avancer mon existence financière.

Vous venez d'effectuer trois transactions et vous avez 1 000 € de plus sur votre compte. Félicitations. Mais cet argent vous aide-t-il vraiment financièrement? Pouvez-vous acheter une maison ou faire un investissement important avec cet argent? Je pense que c'est peu probable. Pourquoi faire de telles spéculations? Cependant, si vous êtes en mesure de gagner 100 000 € en un seul échange, cet argent vous sera vraiment utile (pour la plupart des gens, en tout cas). Et voilà précisément le problème. Toute transaction qui ne vous mène pas à un nouveau seuil financier ne vaut pas la peine d'être envisagée. Si vous entrez en bourse, alors il faut que ça en vaille la peine. Le vieux maître Kostolany disait: « Si c'est du porc, ça doit suinter! »

Et ce nouveau seuil financier diffère pour chaque personne. Pour certains, cela sera 10 000 €, pour d'autres, ce sera 100 000 €, voire un million. Cela n'a aucune importance. La clé est que VOUS alliez de l'avant. Et, pour ce faire, une préparation optimale est nécessaire. En d'autres termes, avec cette méthode, vous devez vous transformer d'un trader hyperactif en un observateur attentif.

Chapitre 19:

Avec quels instruments financiers puis-je spéculer?

Vous devez savoir qu'avec un petit compte de trading, vous ne pouvez pas utiliser tous les instruments financiers disponibles. Ne pensez donc pas imiter John Paulson, qui avait gagné 3,7 milliards $ en 2007 avec un pari contre le marché immobilier américain. Il l'a fait en achetant des CDS (*credit default swaps*). Ces instruments ne vous sont pas accessibles en tant qu'investisseur particulier. Incidemment, tout ce qui concernait les activités de Paulson n'était pas vraiment casher. Ces instruments avaient été spécialement développés pour lui, afin qu'il puisse parier contre les banques qui les avaient émises pour lui ...

Bien entendu, tout investisseur particulier peut spéculer sur les obligations d'État et les monnaies nationales, et personne ne peut vous interdire de vendre à découvert des actions ukrainiennes si ce pays a de nouveau des problèmes.

En fonction de l'idée d'investissement, je vais, comme je l'ai déjà mentionné, créer le compte avec lequel je peux le mieux (et au meilleur coût) mettre en œuvre cette idée.

Bien sûr, si vous choisissez **les futurs** pour votre spéculation, vous avez besoin d'un courtier spécialisé (et bon marché) dans les futurs. Par-dessous tout, vous devriez examiner le montant des marges du jour au lendemain, pour votre idée. Si elles sont trop élevées, vous aurez peut-être besoin de trop de capital pour commencer. Comparez plusieurs courtiers. Vous serez surpris par les différences. Les courtiers en futurs américains sont généralement les moins chers, car ils sont souvent eux-mêmes membres du CME, ce qui leur procure des conditions très différentes.

Si les futurs sont trop chers pour vous, vous pouvez essayer un instrument financier qui n'est fondamentalement rien de plus qu'un produit dérivé des futurs. Cela fait référence aux **CFD** ou Contrats pour différence. Vous pouvez ouvrir un compte CFD avec 1 000 € ou moins. Malheureusement, les citoyens américains ne sont pas autorisés à ouvrir un compte CFD. Par conséquent, ils doivent considérer les options comme une alternative moins chère que les futurs. Je pense que les options sont un excellent instrument pour spéculer de la manière dont je me réfère ici.

Les traders de CFD, en particulier, doivent prêter attention aux coûts de financement de ces instruments et demander à l'avance au courtier ce que cela coûterait de garder 10 CFD sur un marché donné pendant 3 mois. Certains courtiers n'imposent aucun coût de financement aux CFD des futurs, contrairement aux CFD des actions. Cela varie parfois d'un courtier à l'autre. J'ai effectué ma spéculation sur l'argent en 2007-2008 avec des CFD. Au début, j'avais commencé avec des mini-contrats, mais au fur et à mesure que ma position s'est développée, j'ai pu acheter le gros contrat, ce qui a finalement conduit à un gain important. Cependant, au bout de trois mois, j'avais des coûts de financement supérieurs à 1 000 € pour cette position. Si j'avais su que j'allais rester dans cette transaction aussi longtemps, j'aurais sûrement choisi un autre courtier (moins cher). J'espère que vous comprenez mieux maintenant, pourquoi je pense qu'il est logique d'ouvrir un compte séparé pour chaque spéculation spécifique.

Les **ETF** sont un autre instrument permettant de spéculer sur l'évolution des marchés. La vaste offre disponible pour ces instruments est maintenant si confuse que vous devriez réfléchir soigneusement à l'endroit où vous ouvrez un compte. Il existe également la possibilité d'un effet de levier, grâce aux ETF dits à effet de levier (souvent triples). Ainsi, vous pouvez, par exemple, acheter un ETF à triple effet de levier sur l'argent.

Les critiques des ETF (à juste titre) avancent le soi-disant problème de la dépendance des cours. Ce phénomène se produit surtout dans les mouvements laterales ou les corrections mineures dans une tendance. Tant que le marché évolue dans la direction souhaitée, le rendement est même légèrement supérieur à l'effet de levier initial. Dans le cas contraire, l'ETF a généralement un rendement moindre. Cet inconvénient a une incidence sur l'exposition à long terme sur un marché. C'est pourquoi je pense que les ETF à effet de levier ne conviennent pas aux investisseurs à long terme. Pour les spéculateurs qui entrent sur le marché à moyen terme (1 à 3 mois) et, surtout, qui s'appuient sur un fort mouvement du sous-jacent, je pense qu'il peut même être un excellent instrument.

L'outil le plus simple et le plus flexible pour un investisseur particulier est probablement le **marché Forex**. Ici, vous pouvez même participer avec de très petites montants (moins de 1 000 €). Il est possible que le marché forex soit également le meilleur point de départ pour cette stratégie. Toutefois, il convient également de noter ici le montant des coûts de financement, qui sont mieux connus sous le terme de «*swaps*». Les *swaps* sont les taux d'intérêt appliqués aux emprunts (qui sont généralement des positions forex). Des taux d'intérêt de 5% pourraient bien se produire. Par conséquent, en choisissant un courtier forex vous devez moins prêter attention aux *spreads* et au niveau d'endettement qu'aux *swaps*. Une étude approfondie des courtiers à cet égard peut signifier des économies de plusieurs milliers d'euros. Ceci est particulièrement vrai lorsqu'il s'agit de devises exotiques, c.-à-d. devises qui ne font pas partie des sept grands classiques (EUR, USD, GBP, CHF, CAD, AUD, NZD). Ce sont, par exemple, des paires de devises comme USD/RUB, USD/MXN ou EUR/TRY. Les *swaps* dans ces devises peuvent s'accumuler de manière significative si vous investissez dans l'une d'entre elles pendant des mois.

Chapitre 20:
Risque maximum et appel de marge

Si vous décidez de spéculer avec les instruments professionnels, tels que les futurs et les options, vous devez savoir que du point de vue de la gestion des risques, vous êtes considéré comme un associé professionnel. Les futurs et les transactions d'options sont généralement sujets à une obligation d'apporter des contributions supplémentaires. Si les pertes de vos positions excèdent la couverture de marge, vous recevrez un appel de marge de votre courtier. Ceci signifie que vous devez rajouter de l'argent, autrement la position sera fermée.

Si vous n'aimez pas l'idée que, théoriquement, vous pouvez perdre plus que ce que vous avez de disponible, vous voudrez peut-être vous abstenir de spéculer avec ces instruments. Mais quand vous en parlez aux courtiers, ils répondent que dans la réalité ceci se produit relativement rarement. En général, les appels de marge représentent déjà une menace suffisante pour qu'un trader réduise la position ou la clôture complètement, si besoin est. Néanmoins, en tant que trader, vous devez savoir que l'exigence d'une contribution supplémentaire existe. Dans la mesure du possible, vous ne devez jamais en arriver là. Plusieurs courtiers à qui j'ai posé la question m'ont assuré que dans les rares cas où ceci s'est produit, ils ont toujours réussi à trouver un accord avec le trader.

En revanche, si vous spéculez avec les instruments dérivés, tels que CFD ou forex, vous êtes généralement du bon côté, au moins dans l'UE. En raison du règlement strict de l'autorité de surveillance européenne ESMA, qui est entrée en vigueur début août 2018, le fort effet de levier pour les investisseurs privés a été sévèrement limité. Précédemment, des effets de levier de 100 à 500 étaient communs, mais ils sont maintenant limités à un maximum de 30. Selon les valeurs sous-jacentes, ils sont encore inférieurs - avec les actions, ils sont environ à cinq, au plus. Les traders ne sont pas donc obligés d'apporter des contributions supplémentaires si les fonds déposés ne sont plus suffisants. Les pertes ne peuvent pas excéder le capital investi.

Si vous voulez vous prémunir contre un tel événement, en dépit de cette règle, vous pouvez rechercher un courtier qui offre un ordre-stop-loss garanti. Dans ce cas le courtier garantit la clôture de la position exactement au prix souhaité. Le courtier assume donc le risque et doit supporter lui-même les coûts des écarts. En contrepartie, le trader paie généralement des frais pour cette garantie. Les frais peuvent également être collectés en élargissant les spreads. Vous devez donc considérer ces frais comme une sorte de prime d'assurance. Parlez-en à votre courtier et demandez-lui s'il offre des ordres-stop-loss garantis - et ce qu'ils coûtent.

Chapitre 21:

Gardez vos spéculations pour vous.

En tant que spéculateur, vous devez être disposé à faire des choses impopulaires si vous voulez sérieusement faire de l'argent, ou si vous voulez développer votre compte. Et tout le monde ne va pas apprécier ce que vous faites. Je voudrais vous donner quelques conseils, en tant qu'ami trader. Si possible, ne parlez à personne de vos spéculations. Ouvrez un compte avec un courtier et faites vos transactions. N'en parlez pas. Pas même à vos amis, et certainement pas à votre famille. La raison en est très simple. Pratiquement personne ne comprendra ce que vous faites. Je ne parle pas de compréhension morale, mais technique. Par exemple, si vous faites une vente courte, personne ne la comprendra, même si vous faites de votre mieux pour leur expliquer. Si vous achetez USD/RUB, techniquement parlant, vous êtes long en dollars américains, et court en roubles russes. Essayez d'expliquer cela à votre grand-mère. Si elle ne l'a jamais fait elle-même, elle ne comprendra pas.

Regardez les rapports boursiers aux informations. Ils rendent rarement compte de ce qui se passe vraiment. Les médias recherchent la sensation, la panique ou le drame, ou ils agitent leur index moralisateur. Ils ne rapportent pas les faits réels. Ainsi, ne soyez pas étonné quand vos amis, connaissances ou familles répètent ce que les médias leur présentent. Et ne vous attendez pas à ce qu'on fasse preuve de compréhension à l'égard de votre «nouvelle activité». C'est quelque chose que vous n'obtiendrez que rarement.

Concernant l'impact et la tâche des marchés financiers, le grand public est stupide. Il est délibérément maintenu dans sa stupidité. Cela peut vous agacer, mais c'est un fait. Il y a des pays où le trading est moins stigmatisé. C'est le cas, par exemple, aux États-Unis. À la différence de l'Europe, les gens sont heureux quand **vous** réussissez. Mais je peux vous assurer que c'est beaucoup moins le cas dans la plupart des autres pays. Réprimander les spéculateurs pervers est une manière simpliste de se défouler sur quelque chose que l'on ne comprend pas.

Mais il y a une raison encore plus importante de garder vos spéculations pour vous. Si vous commencez à parler de vos projets ou même de vos positions en cours avec vos amis, ils répondront d'une manière ou d'une autre. La meilleure chose qui pourrait vous arriver serait l'indifférence, parce que cela vous nuirait moins. Mais imaginez que j'ai dit à une connaissance que je spéculais contre le rouble, peut-être même un jour où tout le monde pouvait voir à la télévision les personnes en Russie faire la queue devant les bureaux de change pour se débarrasser de leurs roubles. Pensez-vous que je me serais fait des amis ainsi ? Bien sûr que non. Cela peut braquer contre vous les personnes moralement rigides. Vous devez alors vous défendre, ou même vous justifier. Et c'est la dernière chose à faire si vous êtes en pleine spéculation. Ces conversations ou discussions avec les personnes qui ne savent pas de quoi elles parlent finiront par créer la confusion dans votre esprit. Pire encore, cela pourrait vous faire douter d'une chose avec laquelle vous pourriez connaître un réel succès financier.

Maintenant, il y a des traders qui répondent à leur besoin de communication en rendant visite à des personnes qui pensent soi-disant comme eux. Ou ils appartiennent à un club d'actionnaires ou recherchent sur Internet des forums ou des chats, où ils peuvent discuter de leurs spéculations et vider leur sac. J'admets que je l'ai fait pendant mes premières années (j'ai commencé en 2001). À ce moment-là, les forums de traders étaient quelque chose de nouveau. En fait, à cette époque vous pouviez parfois rencontrer un trader ayant réussi et disposé à partager son expérience avec vous.

Cependant, je peux vous dire d'après ma propre expérience : la grande majorité des traders ayant réussi que je connais se sont depuis longtemps retirés de ces chats et autres forums du marché boursier. Si vous avez vraiment quelque chose de sensé à partager sur le sujet et si vous êtes constamment attaqué par quelques imbéciles, que faire? Exactement! Vous prenez votre chapeau et disparaissez pour toujours. Je ne veux pas dire qu'il n'y a pas des rêveurs qui visitent encore ces lieux hantés, mais parfois la conversation au pub du coin est un havre de philosophie et de connaissance humaine, comparé à ce que vous pouvez voir dans les chats du marché boursier. Il y a longtemps que j'ai arrêté (depuis dix ans). Je préfère vous conseiller de parler à votre belle-mère de vos engagements sur le marché boursier, plutôt que de vous voir mettre les pieds dans un de ces chats d'Internet, où personne ne répond personnellement de leurs paroles et où presque tous participent sous un pseudonyme (ou plusieurs). Ne le faites donc pas. C'est pareil pour votre famille ou vos amis. La probabilité que ces personnes brouillent votre vision objective des marchés est conséquente. Rappelez-vous l'attitude de Jesse Livermore, qui s'est même enfermé à clef dans une chambre, pour ne pas entendre le bavardage des autres spéculateurs. Je n'ai jamais gagné d'argent lorsque j'allais dans ces forums. Au contraire.

Et cela m'amène à ma vraie préoccupation. Quoi que vous fassiez dans la vie, si vous vous lancez dans les affaires ou la spéculation boursière, vous devez le faire seul. Vous devez emprunter ce sapristi de chemin tout seul. Et vous ne pouvez pas permettre à qui que ce soit d'intervenir de quelque façon que ce soit, encore moins votre belle-mère et certainement pas quelque idiot sur Internet, qui cache sa véritable identité. Je n'insisterai jamais assez sur ce point. Vous n'aurez du succès que lorsque vous commencerez à devenir un trader indépendant. Maintenant, tout le monde sait qu'il n'y en a plus que quelques-uns. La plupart jouent le jeu sans risques et errent sur des sentiers rebattus. Il n'y a rien de mal à ça. Si vous préférez, je peux également le dire de façon ésotérique pour ceux qui y croient: si vous avez choisi de vous incarner tranquillement, alors cherchez un emploi sûr dans la fonction publique. Trouvez quelque chose dans l'administration. Ou que diriez-vous d'un travail aux impôts ?

Mais si vous voulez connaître le succès, le vrai succès, alors vous devez faire quelque chose d'inédit. Vous devez faire des choses que ceux qui préfèrent s'incarner tranquillement ne veulent pas faire, et que donc ils rejettent. J'espère que vous comprenez maintenant pourquoi il vaut mieux garder vos spéculations financières pour vous.

Chapitre 22 :

En route vers le premier million

Un million d'euros est certainement un objectif élevé, surtout pour quelqu'un qui n'a que quelques milliers d'euros pour spéculer. Cependant, j'espère qu'avec les exemples que je vous ai présentés dans ce livre, il vous sera possible de réaliser des gains importants sur le marché boursier avec de petites sommes, quoi qu'en disent les sceptiques. Si je peux le faire, vous aussi.

Mais même si la duplication et la multiplication dans les petits comptes sont tout à fait faisables, elles ne sont pas si facile à réaliser pour des montants plus importants - mais pas impossible non plus. Comme vous le savez, il suffit de doubler 10 fois 1000€ pour faire un million. J'espère qu'il est clair pour le lecteur que le passage de 1 000 à 2 000 est assez différent du passage de 250 000 à 500 000, bien que ce soit le même principe sur le plan mathématique.

Toute personne active sur le marché boursier doit pouvoir surmonter une perte de 1 000 €. Mais pouvez-vous vous permettre de perdre 250 000 €?

Je suis bien conscient qu'il y a des traders qui ont subi ce genre de pertes (et même beaucoup plus). À la fin de ce livre, je voudrais insister encore une fois sur le fait que vous ne devriez pas laisser les choses en arriver là, si vous utilisez la méthode présentée ici.

Le concept de cette méthode est de prendre des risques calculés. Cela minimise le risque d'une perte totale du capital disponible. Vous devez devenir un spécialiste de la spéculation, atteignant le maximum avec un minimum d'effort. C'est précisément pour cette raison que je vous recommande de retirer la majorité de vos gains du compte de courtage et du cycle spéculatif. Si vous réalisez un gain de 30 000 € avec une spéculation, retirez au moins 20 000€ du compte de courtage. Avec la méthode présentée ici, il n'est absolument pas nécessaire d›avoir 30 000 € pour spéculer. Au contraire. Je conseille de garder ces sommes faibles (cette règle vous apprendra la discipline).

Si à première vue, cette méthode peut être classée dans la catégorie «risque élevé», elle est toutefois moins risquée qu'on ne le pense initialement. Le risque le plus élevé se situe au début, lorsque le capital disponible est encore faible. Plus vous progressez, moins ce sera risqué si vous entrez systématiquement sur le marché avec une petite position test au début et n'achetez plus lorsque vous avez déjà des gains comptables.

Bien sûr, vous pouvez risquer un peu plus si les 100 000 € vous appartiennent. Mais comme, pour la plupart des spéculations, pas plus de quelques milliers d'euros sont nécessaires, il n'y a aucune raison de laisser 50 000 € sur votre compte de courtage. Soyez intelligent et minimisez votre risque initial autant que possible.

Cela sera peut-être un peu plus lent pour atteindre votre premier million, mais vous atteindrez votre destination sans stress indu. Peut-être serez-vous en mesure de faire des gains de 100 000 € plusieurs fois, ou alors l'argent grimpera progressivement en tranches de 40 000 € Peu importe la façon dont vous procédez, vous devez vous assurer de mettre de côté la plupart de vos gains et de ne jamais les risquer à nouveau.

Cette mesure est tout le contraire de ce que font la plupart des traders. Ils laissent leurs gains dans le compte de courtage afin de pouvoir échanger de plus en plus de contrats. Par conséquent, plus le compte est gros, plus le risque augmente. J'essaie de faire le contraire. Plus vous progressez, plus vous devriez toujours puiser dans le cycle spéculatif. N'oubliez pas que les gains boursiers ne vous appartiennent pas vraiment, à moins que vous ne les ayez complètement retirés du compte de courtage et gardés de préférence en les bloquant ou en les investissant de manière conservatrice.

De cette façon, vous aurez le risque le plus élevé au début de votre carrière de spéculateur et non à la fin. Soyez intelligent. Vous pouvez toujours spéculer, mais le capital d'investissement perdu ne revient jamais.

Il est important de bien comprendre la différence entre un spéculateur et un investisseur. Ils ont des objectifs différents et utilisent donc différentes méthodes. L'objectif d'un spéculateur doit être de progresser financièrement, aussi rapidement et efficacement que possible. Dans ce livre, j'ai essayé d'illustrer comment faire.

L'objectif et la tâche d'un investisseur sont complètement différents. Un investisseur possède déjà du capital. Son objectif principal est de protéger ses actifs existants et de maintenir son pouvoir d'achat grâce à un rendement réaliste et sans risque.

J'espère que vous réalisez qu'il s'agit de deux objectifs complètement différents. L'objectif ultime de votre entreprise n'est pas d'avoir la plus grande somme d'argent possible sur votre compte de courtage, mais d'être libre financièrement. Nous verrons comment y parvenir dans le chapitre suivant.

Chapitre 23 :

Objectif final: l'indépendance financière

Même si le premier million semble être un objectif assez lointain pour beaucoup, il n'est pas hors de portée. La méthode présentée ici peut être considérée comme une étape importante vers cet objectif, elle n'est pas forcément la seule. À ce propos, je considère la somme nominale d'un million d'euros comme un objectif symbolique. Aussi étrange que cela puisse paraître aux lecteurs non fortunés, un million à la banque aujourd'hui est plus un problème qu'une solution. Le temps où une telle somme vous rapportait un rendement annuel sans risque de 5 ou 6%, est révolu. Et les pays aux taux d'intérêt plus élevés n'offrent pas nécessairement une solution non plus, car la capitalisation sera rongée par l'inflation, ou bien l'État frauduleux s'emparera du capital avec une justification fragile, comme ce fut le cas pour un de mes amis qui avait bloqué une somme considérable sur un compte ukrainien.

En d'autres termes, les taux d'intérêt actuels obligent quiconque à de l'argent à devenir un investisseur, qu'il le veuille ou non.

La méthode présentée ici vise à faire des progrès financiers rapides. C'est sans doute une méthode peu orthodoxe, mais croyez-moi, elle est utilisée par plus de traders que vous ne l'imaginez. Beaucoup de traders, qui vantent extérieurement un système particulier avec une gestion des risques stricte, font sans doute secrètement exactement ce dont je parle ici, sans jamais en dire un mot en public.

Le seul objectif de ce livre a été de vous présenter un moyen d'atteindre rapidement vos objectifs financiers, en tant que trader. Naturellement, vous pouvez également le faire avec des méthodes traditionnelles, telles que le *day trading* ou le *swing trading*. Ces méthodes sont et demeurent valides. Mais elles exigent une discipline de fer de la part du trader, ce que la plupart d'entre nous - soyons honnêtes - n'ont pas. C'est la raison pour laquelle le nombre de traders qui échouent avec ces stratégies est si important.

La méthode présentée ici suppose que la plupart d'entre nous ne sont pas des traders disciplinés, mais des gens ordinaires qui commettent des erreurs de temps en temps.

Mais si, comme suggéré ici, vous pariez sur des événements spécifiques ou une forte tendance du marché boursier, vous devriez avoir raison quelques fois. Et quand cela arrive, vous devez avoir le courage de voir grand. Beaucoup de traders, comme Jesse Livermore, ont agi ainsi, s'élevant graduellement après d'humbles débuts.

Naturellement, vous ne réussirez pas chaque spéculation. Parfois, votre position ne vous rapportera presque rien. Parfois peut-être seulement quelques milliers d'euros. Ne soyez pas découragé. Si vous vous en tenez à cette idée, vous trouverez un jour le marché dans lequel vous pourrez faire 100 000 € ou même plus.

En prélevant 70 000 € de cet argent, vous pourrez acheter une maison ou des actifs différents. Investissez cet argent dans quelque chose dont vous profiterez encore d'ici dix ans. Achetez de préférence des actifs qui tombent tous les mois dans votre poche. La nouvelle Tesla, par exemple, n'entre pas dans cette catégorie. Ce jouet vous coûtera toujours plus et vaudra de moins en moins, mois après mois.

Et cela nous amène à la différence importante entre un actif et un passif. Les actifs remplissent mensuellement vos poches. Un passif d'un autre côté vous coûte de l'argent. Je dois cette distinction claire aux livres de Robert Kiyosaki. Si vous ne les avez pas encore lus, je vous recommande de les acheter maintenant.

Une autre manière de générer du cash flow tous les mois est d'établir un portefeuille de dividendes avec vos revenus. C'est la seule façon de profiter de vos gains durant des décennies. C'est vraiment super d'avoir quelque chose de ce genre, croyez-moi. Vous posséderez alors une machine à sous qui vous rapportera de l'argent tous les mois, sans que vous ayez à faire quoi que ce soit.

En d'autres termes, ma recommandation est que vous n'alliez pas de spéculation en spéculation jusqu'à ce que vous ayez enfin ce million sur votre compte bancaire. Cela peut sembler extraordinaire de dire : « Je suis millionnaire. » Mais ça n'a pas beaucoup de signification en période de taux d'intérêt zéro.

Et vous serez peut-être surpris si je vous dis maintenant : il n'est même pas souhaitable d'avoir un million en banque.

Je vais illustrer ceci par une petite histoire. Un de mes amis a créé une entreprise qu'il a voulu vendre un jour. Et il avait pas mal d'acheteurs intéressés. Il estimait qu'il pourrait obtenir quatre millions de dollars pour ses affaires. Beaucoup auraient dit : « Bien ! Maintenant, il peut vraiment encaisser son argent, et vivre des fruits de son labeur. » Loin de là ! Mon ami a continué à retarder la vente de son entreprise. « Pourquoi ? » lui ai-je demandé quand je l'ai rencontré à nouveau. Il s'est avéré qu'il avait vraiment peur de vendre. Naturellement, il y avait diverses raisons. Mais une des plus importantes était qu'il ne se sentait en sécurité que tant que ses affaires lui appartenaient, et qu'il pouvait se verser un généreux salaire, mois après mois. Alors que s'il vendait son affaire, il n'aurait plus de salaire. « Oui, mais tu pourrais avoir quatre millions en banque », ai-je rétorqué. « Bien sûr, a-t-il répondu, seulement cet argent ne me rapportera presque rien. De quoi vais-je vivre ? »

Cette histoire peut sembler absurde à certains lecteurs, parce qu'ils croient que quiconque possède cet argent en banque n'a plus de problèmes financiers. Malheureusement, l'inverse est vrai. Si vous avez un million ou même plus en banque, vous avez alors un réel problème, aussi absurde que cela puisse paraitre aux personnes moins fortunées. Ce « million en banque » n'est rien qu'un rêve de petit bourgeois. Ce rêve est également la raison pour laquelle tant de gens jouent à la loterie. Et c'est aussi la raison pour laquelle tant de millionnaires à la loterie perdent tout au bout d'un moment.

Ce million ne vous rapporte presque rien aujourd'hui. Mon ami savait cela. Malheureusement, il n'a pas su investir l'argent qu'il avait gagné pendant sa vie professionnelle dans des actifs qui lui auraient procuré un cash flow mensuel (c'est-à-dire, un revenu assuré). Il n'avait presque aucun bien immobilier. Il avait spéculé avec des actions et avait perdu la plupart du temps. Malheureusement, le mot «dividende» lui était étranger.

Plutôt que d'accumuler un million en banque ou même sur un compte de trading, il est important d'apprendre à investir cet argent correctement. En d'autres termes, au-delà de votre carrière de spéculateur, vous devez également, en toute discrétion, démarrer une carrière d'investisseur.

C'est ce que les riches ont toujours fait. Ils ont toujours de l'argent, quoi qu'il arrive, parce qu'eux (ou leurs ancêtres) ont investi leur capital à de nombreuses reprises dans des actifs : terrains, immobilier, holdings, licences, revenus locatifs, dividendes.

Et quand le cash flow pour ces actifs a été supérieur à leurs dépenses mensuelles, ils ont pris l'habitude d'utiliser l'argent libéré pour acheter toujours plus d'actifs qui leur ont rapporté encore plus d'argent. Dans les soi-disant «vieilles familles fortunées», ceci s'est fait de génération en génération.

Et c'est exactement ce que vous devriez faire, à mon avis. Vous ne devriez pas employer vos succès occasionnels sur le marché boursier à accumuler un compte de plus en plus important, pour faire des folies avec vos amis. Non, faites les choses bien dès le départ ! Apprenez à économiser la plupart de vos gains et à les investir dans des capitaux à long terme.

N'attendez pas d'avoir quatre millions sur votre compte, parce que vous auriez alors le même problème que mon ami entrepreneur. Ou le même problème que les millionnaires de la loterie, qui disparaissent au bout d'un moment.

Par conséquent, à mes yeux, l'objectif d'un million en banque» est un leurre. Une telle somme peut alimenter votre imagination. Il est cependant plus intelligent d'améliorer votre Q.I financier dès le départ et d'apprendre à investir sur le long terme, de sorte que vous puissiez encore tirer profit de cet argent pendant des décennies après vos succès sur le marché boursier. C'est possible. Mais seulement si vous le faites bien dès le départ.

Retirez donc la plupart de vos gains, et mettez-les en lieu sûr. Avec le restant, vous pourrez continuer à spéculer et traquer les opportunités qui rapportent. Je vous souhaite beaucoup de succès !

Annexe 1 :

Crises financières du passé

L'histoire du monde financier est riche en crises financières. Comme je l'ai dit, même si elles sont dangereuses ou ruineuses pour certains, elles peuvent représenter une occasion pour d'autres. Ça a toujours été le cas. Si vous voulez faire fortune avec la spéculation boursière, je vous suggère d'étudier les crises financières passées. Voici une liste qui n'est certainement pas exhaustive. Étudiez ces crises ! Vous serez plus à même d'identifier les prochaines. En plus des crises, vous découvrirez également des opportunités de spéculations dont vous pourriez tirer parti.

1973: Crise pétrolière, pétrole long, actions courtes

1973: Crise bancaire au Royaume-Uni : actions britanniques courtes

1983: Crise bancaire en Israël, actions israéliennes courtes

1986 - 1991 : bulle industrielle japonaise: Nikkei court, Yen long

1994 - 1995 : Crise de la tequila au Mexique : peso mexicain court

1997 - 1998 : Crise asiatique, roupie indonésienne courte, baht thaï, won sud-coréen court

1999: Crise brésilienne, real brésilien court

1998 - 1999 : Crise russe, rouble russe court

2001: Crise turque : lire courte, actions courtes

2001 - 2002 : Crise argentine, peso argentin court

2000: Crise des Dotcom, Nasdaq court

2007 - 2008 : Crise des Subprimes, argent et or longs, actions courtes

2008: Crise islandaise, couronne islandaise courte

2007-2008 : Crise immobilière espagnole, IBEX court (actions espagnoles)

2010: Crise grecque de la dette souveraine, ATHEX court (actions grecques)

2010: Crise espagnole de la caisse d'épargne, actions espagnoles courtes

2010: Crise de l'euro, euro court

2014: Crise financière russe, rouble court

2018: Crise financière turque, lire courte, actions turques courtes

Comme vous pouvez le constater, les crises ne manquent pas. Presque chaque année un incendie éclate quelque part, dont vous pouvez profiter en tant que spéculateur.

Par ailleurs, il n'existe pas beaucoup de types de crises différentes. Voici une liste des types les plus importants :

- crises bancaires
- crises de devise
- bulles spéculatives
- crises de dette souveraine (un état ne peut pas rembourser sa dette)
- stagnation et récessions économiques

Si vous voulez approfondir votre connaissance des crises financières, je peux recommander les livres suivants :

- Barry Eichengreen : *Galerie des glaces : La grande dépression, la grande récession*, et *les usages et abus de l'Histoire*, Oxford University Press, 2016
- Ray Dalio : *Grandes crises de la dette*, Bridgewater 2018
- Carmen M. Reinhart, Kenneth S. Rogoff : *Cette Fois c'est différent : Huit siècles de folie financière*, Princeton University Press 2009
- Robert Z. Aliber, Charles P. Kindleberger : *Habitudes, paniques, et crashs: Une histoire des crises financières*, Palgrave Macmillan 2017

Annexe 2 :

Liens utiles

Graphiques de vue d'ensemble : https://finviz.com

Calculatrice d'investissement : https://www.calculator.net/investment-calculator.html

Graphiques à long terme : https://www.barchart.com/futures/long-term-trends?viewName=chart

https://www.macrotrends.net/

Glossaire

AEX: Indice boursier des Pays-Bas, calculé sur Euronext Amsterdam

Bougie: Représentation des variations de prix sur la base d'une technique d'analyse japonaise

Bovespa: (Índice Bovespa, en abrégé Ibovespa), principal indice boursier au Brésil. Il est composé de 71 entreprises

Brexit: Procédure de retrait du Royaume-Uni de l'Union européenne

CAC 40: Indice de référence français des 40 principales sociétés françaises cotées à la Bourse de Paris

Cash flow: différence de recettes et de dépenses sur une période donnée

CFD: Contrat de paiement dont la valeur est la différence entre les prix de la valeur sous-jacente, comme une action ou une devise, au moment de l'achat et de la vente du CFD

CME: Le groupe américain CME est l'un des plus grands marchés d'options au monde et la plus grande bourse de produits dérivés du monde, basée à Chicago, dans l'Illinois.

Commissions : les frais engagés pour l'achat et la vente de titres

Courtier: Fournisseur de services financiers responsable de l'exécution des ordres des investisseurs en valeurs mobilières

Couverture: (Hedging) Méthode de sécurisation d'une transaction contre les risques financiers, tels que les fluctuations de prix

Credit Default Swaps: (CDS) crédit dérivé dans lequel sont négociés les risques de défaillance des prêts

Crise de l'euro: décrit une crise complexe de l'union monétaire européenne de 2010

Crise de la lire: La crise turque 2018 de la dette et de la devise

Crise des Subprime : Crise bancaire et financière mondiale dans le cadre de la crise économique mondiale à partir de 2007

Crise d'Ukraine : Conflit politique et parfois dans la péninsule de Crimée

Crise financière: La crise bancaire et financière mondiale dans le cadre de la crise économique mondiale à partir de 2007

Day trading: décrit les opérations spéculatives à court terme sur titres. Les positions sont ouvertes et fermées le même jour de bourse.

Dépendance du cours: Effet inverse, qui s'applique de cours en clôture en cours en clôture. Si la période dure, des écarts se produisent

Dépôt de garantie: Montant de garantie requis pour ouvrir une position

Dividende: partie du bénéfice qu'une entreprise publique distribue à ses actionnaires

Doji: Motif fréquent dans un graphique bougie. Se caractérise par le fait qu'il a une durée courte, ce qui signifie une faible marge commerciale, les cours d'ouverture et de clôture étant presque identiques.

Dow Jones: Le plus ancien indice boursier américain encore existant, regroupant aujourd'hui 30 des plus grandes sociétés américaines

Downgrading : Déclassement d'un titre

Effet de levier: Utilisation du capital emprunté qui augmente le rendement de l'utilisation du capital propre de quelqu'un

ESMA: Valeurs et autorité européennes des marchés

ETF : Exchange Traded Funds (fond d'échange spéculatif)

EUR/ CHF : Ratio monétaire entre l'euro et le franc suisse

EUR / TRY: Ratio monétaire entre l'euro et la lire Turque

European Exchange Rate Mechanism (EERM) : Mécanisme de change européen, forme de coopération monétaire entre les pays de la Communauté européenne, du 13 mars 1979 au 31 décembre 1998

Fait accompli : Terme français souvent utilisé pour décrire une action qui est terminée avant que les personnes concernées ne puissent poser des questions ou revenir dessus.

Flat: position à plat

Francogeddon: Dans le cas du francogeddon, la Banque Nationale suisse a relevé le taux de change minimal de l'euro de 1,20 le 15 janvier 2015 sans préavis. Le franc suisse a augmenté de près de 20%

Forex: Forex Exchange Market, marché des changes international.

Forwards: Transactions à terme inconditionnelles non négociées en bourse

Futurs: Contrat standardisé pour l'achat ou la vente d'une certaine quantité d'une marchandise, à un prix fixe, à une date donnée

Gains comptables: Différence entre le prix d'achat et le prix actuel. Ce bénéfice existe initialement uniquement sur le papier. Ce n'est que lorsque l'action est vendue, qu'il peut être réalisé

Gap : Écart de prix entre deux jours de bourse

Gestion de l'argent: La gestion de l'argent est une stratégie de conservation de valeur qui vise à contrôler le risque d'un portefeuille de valeurs en classant chaque position spéculative

Gestion des risques : Comprends toutes les mesures d'identification, d'analyse, d'évaluation, de suivi et de contrôle systématiques des risques

Graphique : Échelle de prix dans laquelle une valeur est échangée en une phase (un jour, une semaine, plusieurs mois)

Graphique d'Heikin Ashi: Japonais : «balancement sur un pied». Représentation japonaise des changements des prix

Hypothèse d'efficacité du marché: Selon cette théorie, les marchés financiers sont efficaces dans la mesure où les informations existantes sont déjà intégrées dans le prix, de sorte qu'aucun acteur du marché ne peut obtenir des gains supérieurs à la moyenne par le biais d'une analyse technique, d'une analyse fondamentale, d'un délit d'initié ou autrement.

Indice boursier : Indicateur de la performance du marché boursier dans son ensemble ou de groupes de titres individuels (par exemple, Dow Jones Industrials)

Long: Être long signifie acheter et conserver des titres

Macro global: Stratégie d'investissement basée sur l'interprétation et la prévision d'événements majeurs liés à l'économie, à l'histoire et aux relations internationales.

Marge: Position fixée pour des spéculations en déposant une certaine garantie

Nymex : New York Mercantile Exchange (NYMEX) est le plus grand marché d'échange à terme des produits du monde, basé à New York

Objectif: Prix du marché boursier qu'un titre doit atteindre sur la base d'une analyse

Option: Indique un droit pour acheter ou vendre un article particulier à une date ultérieure, à un prix convenu

Ordre Stop buy: Ordre pour acheter ou vendre des valeurs, qui seront seulement exécutées quand le prix aura atteint un certain niveau de prix

Ordre Stop loss: Ordre de vente qui sera passé quand un certain prix aura été atteint

Pip: Pourcentage en points, le plus petit changement du prix dans le négoce de devises

Position vendeur: Un trader est court quand il vend une position qu'il ne possède pas (vente courte)

Pyramide: Dans le commerce courant, se rapporte à l'établissement ou à la réduction progressive de positions

Ratio rendement / risque (RRR) : Sers d'indicateur de l'utilité d'une spéculation. Il est calculé en divisant la rentabilité attendue par la plus grande perte possible (stop loss)

Revenus trimestriels : Rapport d'une société courante après un trimestre

Scalping: Technique de négociation, dans laquelle le commerçant tente de négocier des mouvements minimaux sur le marché

SNB : Banque Nationale Suisse

S & P 500 (Standard & Poor's 500): Indice boursier composé de 500 des plus grandes entreprises américaines cotées

Spread : Écart entre les cours acheteurs et vendeurs

Stratégie d'entrée: Stratégie qui détermine l'entrée sur un marché

Stratégie de sortie: stratégie qui détermine la sortie d'un marché

Stop Management : Gestion active des ordres stop pendant une spéculation

Swing trading: Stratégie marchande dans laquelle une sécurité est détenue entre un et plusieurs jours, afin de tirer profit des changements de prix ou des fluctuations

Take Order Profit: Ordre automatisé de marché boursier, déclenché quand une cible prédéterminée des prix a été atteinte

Taux d'intérêt: Fixé par une banque centrale dans le cadre de sa politique monétaire, sur la base duquel elle conclut des transactions avec ses banques filiales.

Taux de succès: Le taux de succès décrit le rapport entre les spéculations gagnantes et les spéculations perdantes

Trailing Stop: Ordre stop loss automatique

Trend following: Stratégie marchande qui se concentre sur le suivi d'une tendance qui a été identifiée

USD/CAD : Rapport de devise du dollar américain par rapport au dollar canadien

USD/RUB : Rapport de devise au dollar américain par rapport au rouble russe

Volatilité: Écart type. Indique comment un prix fluctue.

Autres livres de Heikin Ashi Trader

Trading Forex

Deux stratégies à chiffres ronds

Les marchés monétaires sont connus pour être dominés par les nouvelles. Mais comme les nouvelles sont rares, la plupart des paires de devises se déplacent latéralement 80% du temps. En d'autres termes, il est très difficile de trader le forex de manière rentable avec des stratégies de tendance. Cette série sur le trading forex traite donc des stratégies conçues spécifiquement pour les marchés latéraux.

Le "nombre rond" dans le forex est un phénomène intéressant parce que la plupart du temps beaucoup d'ordres attendent ici pour être exécutés. Ceux qui étudient les graphiques des paires de devises constateront que le marché tourne souvent à ce que l'on appelle le "chiffre rond" et commence au moins temporairement à tourner dans l'autre sens.

Dans ce premier ebook, Heikin Ashi, célèbre Trader, présente deux stratégies simples de forex à chiffres ronds. Ils sont faciles à comprendre et faciles à mettre en œuvre (même avec de petits comptes). Ces deux stratégies sont excellentes pour les traders qui recherchent des stratégies forex qui peuvent être négociées avec succès avec peu d'analyse.

Table des matières

Introduction

Stratégie 1

Stratégie 2

Considérez le marché forex comme un jeu de probabilité

Plus de livres écrit par le célèbre trader Heikin Ashi

À propos de l'auteur

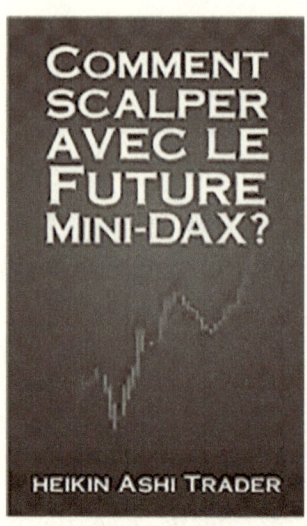

Comment scalper avec le Future Mini-DAX?

Grâce à l'introduction du Future Mini-DAX (FDXM), les traders privés avec un petit compte peuvent avoir l'opportunité de scalper de façon professionnelle l'indice boursier allemand, le DAX. Contrairement à la plupart des autres instruments financiers, les Futures sont les plus transparents et les plus efficaces pour se faire de l'argent sur les marchés financiers.

Les Scalpeurs ont beaucoup plus d'opportunités de trading que les Traders de position ou les Day Traders, ce qui constitue la vraie force de ce style de trading. Un Scalpeur doit donc organiser ses capitaux bien plus efficacement que tous les participants du marché et ainsi obtenir des rendements bien meilleurs que les autres.

Heikin Ashi Trader montre dans ce livre comment scalper ce nouveau Future sur le DAX. Vous apprendrez comment entrer en position, comment gérer votre position et à quel moment vous devez sortir du marché. De plus, ce livre contient un grand nombre d'astuces et d'outils pour rendre votre trading encore plus efficace et plus précis.

Sommaire :

1. L'Eurex Introduit Le Future Mini-Dax
2. Le Dax Allemand, Un Marché Populaire Pour Les Traders Internationaux
3. Les Avantages Du Trading Sur Les Futures
4. Le Graphique Heikin-Ashi
5. Qu'est-Ce Que Le Scalping ?
6. Quels Sont Les Avantages De Devenir Un Scalpeur ?
7. Paramètres De Base Du Scalping Avec Heikin Ashi
8. Stratégies D'entrées
9. Est-ce intéressant de re-entrer en position ?
10. Stratégies De Sorties
11. Est-ce que les objectifs multiples sont intéressants?
12. Quand Devez-Vous Scalper Le Future Mini-Dax (Et Quand Faut-Il Eviter) ?

13. Outils Utiles Pour Les Scalpeurs
    A. Placer Des Ordres
    B. Ouvrir Et Fermer Des Ordres
    C. Gérer Les Ordres Ouverts
    D. Le Trailing Stop Comme Outil De Maximisation De Profits
14. Les Différents Ordres De Stop-Loss
    A. Le Stop-Loss Fixe
    B. Le Trailing Stop
    C. Le Stop Linéaire
    D. Le Time Stop
    E. Le Stop Parabolique
    F. Link Stop Orders
    G. Stop-Loss Multiples Et Cibles Multiples
15. Sur Les Bourses, L'argent Est Fait Avec Les Stratégies De Sorties !
16. D'autres Développements De L'analyse Du Marché
    A. Niveaux Clés Des Prix
    B. Statistiques En Direct

Epilogue

Glossaire

Plus De Livres Par Heikin Ashi Trader

À Propos De L'auteur

Comment Développer une Stratégie de Trading Gagnante

Pourquoi Devriez-Vous Faire L'opposé De Ce Que La Majorité Des Traders Essaie De Faire

Les traders deviennent actifs sur le marché boursier pour aucune autre raison que de gagner des points, des ticks et des PIPs, et ce autant que possible et aussi vite que possible. Ils ont donc besoin d'une méthode, d'un système, qui fait cela pour eux : accumuler de petits bénéfices en permanence, qui s'additionnent finalement pour atteindre un montant important qui s'ajoute sur leurs comptes.

L´auteur passe en revue une des recommandations classiques : « couper vos pertes et laissez courir vos gains ». Et il fera tout le contraire de ce que ce conseil bien intentionné suggère, car le succès dans tout business se produit souvent lorsque vous faites le contraire de ce que fait la majorité.

Sommaire

Partie 1 : Faites L'opposé De Ce Que La Foule Des Traders Essaie De Faire !

1. Ce Que Les Traders Peuvent Apprendre Des Systèmes De Trading

2. Faites L'opposé De Ce Que Vous Trouvez Dans Les Livres Sur Le Trading

    Règle 1 : coupez vos pertes et laissez courir vos gains14

    Règle 2 : essayez d'atteindre un bon ratio rendement/risque (RRR)

    Règle 3 : vous n'avez besoin que d'un taux de réussite de 33,33%

3. Ciblez Un Taux De Réussite Elevé

4. Pourquoi Tradez Avec Un « Bon » RRR Est Souvent Infructueux

5. Favorisez Les Ordres Take-Profit

6. Favorisez Les Entrées Automatiques

Partie 2 : Stratégies De Trading Avec Des Limites Serrées Et Des Stop-Loss Larges

Test 1 : Future Sur Le Bund Allemand – Stratégie De Croisements Des Moyennes Mobiles

Test 2 : E-Mini – Stratégie 1 De Croisements Des Moyennes Mobiles

Test 3 : E-Mini – Stratégie 2 De Croisements Des Moyennes Mobiles

Conclusion

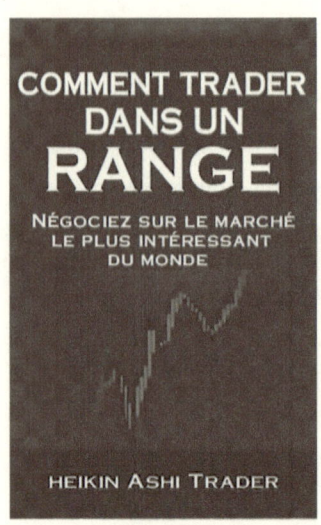

Comment trader dans un range

Négociez sur le marché le plus intéressant du monde

Les marchés financiers négocient essentiellement dans des zones sans tendance que les traders appellent des ranges, ou des marchés latéraux. Il apparaît dès lors qu'ils gagnent de l'argent lorsqu'un marché est en tendance tandis qu'il est préférable d'éviter les marchés sans tendance, dont les résultats ne sont guère inspirants.

En dépit de cette observation manifeste, la plupart des statégies de trading à court terme reposent sur ce modèle de suivi de tendance, pourtant manifestement complexe à mettre en œuvre. La plupart des traders sont plus ou moins dans l'attente d'un plus grand mouvement. L'expérience démontre cependant que la négociation de « mouvements » ou de « tendances » est loin d'être chose aisée. Soit le trader identifie la tendance trop tardivement, soit le mouvement n'offre que peu d'oppirtunités d'entrée.

Cela dit, il existe un groupe spécialisé de traders qui ne se préoccupent pas des tendances. Ils font d'ailleurs l'exact opposé. Ils négocient lorsque le marché est en range. Ce livre décrit les méthodes et les tactiques de ces traders. Il ne s'agit pas ici d'identifier un range et d'en négocier la cassure : il s'agit de négocier le range lui-même.

Table des matières

1. Introduction au Range Trading

2. Qu'est-ce qu'un marché en range?

3. Regardez à gauche!

4. Comment bien tracer les supports et les résistances?

5. Quels marchés pour le trading en range?

6. Comment trader le range dans la pratique.

7. Où placer le stop?

8. Questions de gestion des négociations.

   A. Devrais-je fermer ma position avant le week-end?

   B. Devrais-je utiliser des stops suiveurs lors d'un trading en range?

   C. Que faire lorsque la négociation « ne va nulle part »?

   D. Devrais-je placer le stop plus près du marché?

9. Exemples de marchés en range.

   A. Les fourchettes commerciales dans le marché des changes

   B. Analyse approfondie d'une période latérale dans le E-Mini

   C. Analyse approfondie d'une période latérale dans le FDAX

10. Stratégies avancées.

    A. Limites d'opportunité.

    B. Les faux breakouts.

11. Les canaux de tendance (le trading de canal).

12. Ce qui compte vraiment.

13. Le trading en range pour les day traders et les scalpers

Glossaire

À propos de l'auteur

Heikin Ashi Trader est le pseudonyme d'un trader ayant plus de 18 ans d'expérience dans le Day Trading sur les Futures et le marché des changes. Il se spécialise dans le Scalping et le Day Trading rapide. Il a également publié de nombreux livres éducatifs sur ses activités de trading. Les sujets les plus populaires sont : le Scalping, le Swing Trading, la gestion de l'argent et des risques.

www.ingramcontent.com/pod-product-compliance
Lightning Source LLC
Chambersburg PA
CBHW021411210526
45463CB00001B/311